INSTAGRAM MARKETING

DVS EDITORA

www.dvseditora.com.br
São Paulo, 2021

INSTAGRAM MARKETING
COMO CRIAR MARCAS VENCEDORAS ATRAVÉS DA REDE SOCIAL MAIS IMPORTANTE DO MUNDO

DVS Editora Ltda. 2021 – Todos os direitos para a língua portuguesa reservados pela Editora.

Nenhuma parte deste livro poderá ser reproduzida, armazenada em sistema de recuperação, ou transmitida por qualquer meio, seja na forma eletrônica, mecânica, fotocopiada, gravada ou qualquer outra, sem a autorização por escrito dos autores e da Editora.

Design de capa: Felipe Onzi
Projeto gráfico e diagramação: Bruno Ortega
Revisão: Fábio Fujita

```
        Dados Internacionais de Catalogação na Publicação (CIP)
                (Câmara Brasileira do Livro, SP, Brasil)

    Terra, Rafael
        Instagram marketing : como criar marcas vencedoras
    através da rede social mais importante do mundo /
    Rafael Terra. -- São Paulo : DVS Editora, 2021.

        ISBN 978-65-5695-020-4

        1. Comunicações digitais 2. Instagram (Redes
    sociais on-line) 3. Marcas de produtos - Marketing
    4. Marketing na Internet 5. Planejamento estratégico
    6. Redes sociais 7. Sucesso em negócios I. Título.

    21-57217                                          CDD-658.8
```

Índices para catálogo sistemático:

1. Instagram : Estratégia de negócios : Marketing digital : Administração   658.8

Cibele Maria Dias - Bibliotecária - CRB-8/9427

Nota: Muito cuidado e técnica foram empregados na edição deste livro. No entanto, não estamos livres de pequenos erros de digitação, problemas na impressão ou de uma dúvida conceitual. Para qualquer uma dessas hipóteses solicitamos a comunicação ao nosso serviço de atendimento através do e-mail: atendimento@dvseditora.com.br. Só assim poderemos ajudar a esclarecer suas dúvidas.

INSTA GRAM
MARKETING

**COMO CRIAR MARCAS VENCEDORAS ATRAVÉS
DA REDE SOCIAL MAIS IMPORTANTE DO MUNDO**

RAFAEL TERRA

DVS EDITORA

SUMÁRIO

PREPARE-SE PARA LEVAR SEU NEGÓCIO A UM NOVO NÍVEL 7

PREFÁCIO 9

CAPÍTULO 1 ♦ ESTRATÉGIA NO INSTAGRAM 12

Entendendo a relevância e os impactos do Instagram no mundo 13

Tenha consistência e publique
nos melhores horários 19

O seu Instagram não é só sobre você 23

O seu Instagram não é sobre tudo 24

Acostume-se com as mudanças 27

Os quatro pilares de uma estratégia de sucesso 28

Será que é tudo culpa do algoritmo? 41

O passo a passo do planejamento no Instagram 51

Estratégia para bio e stories fixos vendedores 80

O passo a passo para uma marca ser seguida no Instagram 87

Vinte e uma estratégias para aumentar seus seguidores compradores . . . 90

Como evitar que a sua conta seja bloqueada no Instagram 106

CAPÍTULO 2 ♦ CONTEÚDO RELEVANTE NO INSTAGRAM 112

Introdução ao conteúdo de sucesso no Instagram 113

Cinco pilares que são a base de conteúdos relevantes
em qualquer formato 114

Como se tornar uma autoridade no Instagram 123

Conteúdo para aumentar vendas no Instagram 128

Conteúdo e ferramentas para conquistar engajamento no feed 135

Trinta modelos de conteúdo com alto engajamento no Instagram 144

Conteúdo e ferramentas para cultivar relacionamentos nos stories 160

Conteúdo e estratégias para lives de sucesso 173

Conteúdo e ferramentas para bombar seu IGTV 179

Como criar legendas matadoras para engajar a audiência 186

Hashtags: o guia definitivo para você usar com estratégia 188

Vinte e três dicas rápidas e poderosas para cultivar
relacionamentos e evitar crises 190

Cinco formas de conquistar leads no Instagram 192

CAPÍTULO 3 ♦ ANÚNCIOS NO INSTAGRAM 196

Quinze dicas para criar uma *copy* vendedora 210

Os cinco formatos de anúncios no Instagram 216

Conhecendo as quatro formas de veicular anúncios no Instagram .. 219

O passo a passo para você criar anúncios vendedores
e impactantes via gerenciador de anúncios 221

O passo a passo para criar o anúncio que mais traz resultados 230

Dica rápida: cinco passos para fazer uma oferta irresistível
com anúncios no Instagram 250

CAPÍTULO 4 ♦ MÉTRICAS 254

Como mensurar seus resultados de engajamento e vendas 255

Dois sites úteis para você complementar sua estratégia 264

O passo a passo para criar relatórios eficientes 265

CAPÍTULO 5 ♦ TENDÊNCIAS NO INSTAGRAM 270

EPÍLOGO ♦ APROVEITE O SEU MOMENTO 286

COMPARTILHE EM SEUS STORIES

NÃO SEJA UMA MARCA INFORMATIVA. SEJA ENGAJATIVA!

@TERRADORAFAEL

PREPARE-SE PARA LEVAR SEU NEGÓCIO A UM NOVO NÍVEL

O livro que você tem em mãos foi preparado com muita dedicação e carinho para atender públicos com conhecimentos diversos sobre Instagram.

Você pode:

- Apenas saber que o Instagram é uma rede social;
- Ainda não ter bem definido um produto ou serviço para oferecer, mas saber que o Instagram é uma plataforma essencial para capitalizar negócios;
- Já ter um perfil criado e estar se aventurando pouco a pouco no aplicativo;
- Já ter conseguido resultados por lá e, agora, querer potencializar os ganhos.

Independentemente do seu momento, o conteúdo aqui vai ajudá-lo a conquistar seus objetivos e a vender mais usando o Instagram!

Nas próximas páginas, você irá percorrer um caminho linear para entender que o Instagram, como qualquer rede social, é dinâmico e muda rapidamente! Pode parecer contraditório, mas você perceberá que é fundamental conhecer as regras para saber como adaptá-las à realidade da sua marca e se adequar rapidamente aos cenários.

O ensino linear que eu escrevi aqui:

1. Começa contextualizando o atual cenário e os potenciais do Instagram;
2. Apresenta estratégias e recursos para você planejar da maneira que mais faça sentido para a sua marca;

3. Detalha todas as características de conteúdos que geram valor e apresenta táticas vendedoras muito simples de aplicar em seu negócio;
4. Mostra todas as opções de anúncios e ensina o passo a passo para rodar sua primeira campanha com o objetivo de gerar vendas;
5. Explica como montar relatórios efetivos para analisar os resultados e refinar sua estratégia constantemente;
6. Encerra fazendo um exercício de futurologia ao apresentar tendências para que você saia na frente da concorrência e se consolide como um negócio inovador.

Este é um guia prático e completo para sua marca se tornar uma autoridade digital e vender mais usando o Instagram. Entretanto, aplicar os ensinamentos depende exclusivamente de você.

O primeiro passo você já deu, que é iniciar a leitura. A seguir, você irá adquirir os conhecimentos para potencializar seus resultados. E, finalmente, será o momento de executar tudo o que terá lido aqui.

Estou animado por acreditar que **você é uma pessoa determinada** a construir uma presença digital forte e vendedora. Siga-me no Instagram @terradorafael e, à medida que você aplicar as estratégias, sinta-se em casa para me mostrar o conteúdo que você e sua marca estão gerando.

Vamos nessa?

PREFÁCIO

Uma das mais importantes dimensões do ser humano é a social. Somos biologicamente configurados para sentir prazer quando estamos engajados socialmente, pois, dessa forma, nos tornamos mais fortes e aumentamos a probabilidade de continuar existindo como espécie. Nesse sentido, desde os tempos mais remotos, a humanidade tem evoluído sempre em busca de novas formas para ampliar a conexão entre seus elementos, tanto física quanto remotamente. Se, por um lado, inventamos a roda para nossos corpos poderem ir mais longe e encontrar outros indivíduos (além de novos recursos), por outro, criamos sinais de fogo, ruídos e fumaça para conseguir nos conectar a distância. A ampliação da nossa conexão está intimamente relacionada com o nosso progresso, porque ela é o instrumento que permite fluxos de comunicação, de recursos e, em particular, de ideias, que têm fomentado a inovação ao longo da nossa história.

Essa jornada evolutiva de milhões de anos culmina no momento atual, em que as tecnologias nos levaram, especialmente nas últimas décadas, a um patamar espetacular de conexão global. Isso não apenas tem elevado, de forma considerável, a densidade, a efemeridade e a velocidade das conexões, como também, e sobretudo, ressignificado profundamente, para uma perspectiva virtual, as nossas formas de viver – relacionamentos, comunicação, entretenimento, aprendizagem, negócios. Esse contexto, cada vez mais complexo, acarreta uma das grandes angústias do nosso tempo, que é conseguir se adaptar a essas transformações aceleradas e constantes, conforme elas acontecem – tanto no âmbito social quanto de negócios. Esse cenário é particularmente desafiador quando se trata de desenvolver estratégias de marketing em mídias sociais digitais, cujo ritmo de inovação é frenético. Isso se torna evidente no caso do Instagram, que é, ao mesmo tempo, uma das plataformas mais relevantes para engajamento de públicos em geral, e talvez a que com mais frequência inova (e muda).

Nesse contexto, livros sobre redes sociais são contribuições inestimáveis – e, escrevê-los é ato de coragem, justamente devido à complexidade e à velocidade de mudança dessas plataformas. Esse é um dos motivos que tornam um grande prazer e uma honra para mim apresentar este livro, pois ele, decerto, auxiliará inúmeros negócios a prosperarem, gerando valor e melhorando vidas. Você encontrará ao longo dos capítulos uma riqueza de ensinamentos estratégicos, não apenas sobre o Instagram em si (e seus mais variados detalhes e recursos – feed, stories, live, Reels, IGTV), mas também sobre marketing de conteúdo como um todo, conhecimentos que, provavelmente, lhe serão úteis também nas demais mídias sociais.

O outro motivo é por se tratar da obra do querido e brilhante amigo Rafael Terra. Nós nos conhecemos há quase dez anos e, desde então, a minha admiração por ele só aumenta. A sua competência e a sua excelência em tudo o que faz são apenas algumas das suas inúmeras qualidades que já tornam este livro uma leitura obrigatória. No entanto, suas marcas que mais me encantam são a generosidade e o comprometimento, características vitais para quem trabalha – e escreve – sobre redes sociais. No fim das contas, estratégias em redes sociais são estratégias com pessoas, e, nesse sentido, não poderia existir alguém melhor do que o Rafael Terra para falar sobre isso. Ele realmente transborda engajamento, nos apaixona e *walks his talk*.

Assim, ao ler este livro, você será conduzido a uma prazerosa jornada que, além de desvendar o universo do Instagram, trará o que mais importa quando o assunto são estratégias em redes sociais: insights preciosos sobre seres humanos.

Boa viagem, aproveite!

Martha Gabriel

COMPARTILHE EM SEUS STORIES

PLANEJAMENTO EM REDES SOCIAIS NÃO É APENAS SOBRE O QUE POSTAR.

É, PRINCIPALMENTE, SOBRE O CAMINHO QUE VOCÊ FARÁ PARA ATINGIR SEUS OBJETIVOS!

@TERRADORAFAEL

CAPÍTULO 1

ESTRATÉGIA NO INSTAGRAM

O Instagram possui um potencial enorme para alavancar negócios. Tanto que isso motiva não só os cursos e consultorias que realizo frequentemente, como também a escrever este livro que você tem em mãos!

Antes de partirmos para as estratégias – que são muitas – de como obter sucesso no Instagram, quero rapidamente lhe mostrar o panorama geral desse aplicativo atualmente.

ENTENDENDO A RELEVÂNCIA E OS IMPACTOS DO INSTAGRAM NO MUNDO

Hoje, o Instagram é a rede social com maior relevância mundial. São mais de 1 bilhão de usuários. O Brasil é o segundo país com mais usuários ativos por mês, só fica atrás dos Estados Unidos. Somos mais de 95 milhões na rede social, de acordo com dados mais recentes divulgados pelo próprio Instagram.

Já somos muitos, e com um crescimento mensal constante a presença brasileira ainda vai crescer demais!

Uma pesquisa da Socialbakers no primeiro semestre de 2020 mostra que o Instagram é a terceira rede social (não focada em mensagem instantânea) com mais **usuários ativos** por mês. Veja os dados:

Facebook: 2,6 bilhões
YouTube: 2 bilhões
WhatsApp: 2 bilhões
Messenger: 1,3 bilhão
WeChat: 1,2 bilhão

Instagram: 1 bilhão
TikTok: 800 milhões
LinkedIn: 690 milhões
Pinterest: 370 milhões
Twitter: 330 milhões

O Instagram, hoje, é uma mescla do que dá certo nas outras grandes redes sociais. Esse é o segredo que permite com que ele continue crescendo muito todos os meses!

A minha mãe, que tem mais de 60 anos, antes só usava o Facebook. Agora, ela usa o Instagram também. **Não existe mais aquela coisa de que Instagram é só para jovens.** Pessoas com mais idade também o estão usando.

Então, se seu público-alvo é uma audiência mais madura, saiba que o Instagram também é para a sua marca!

O Facebook saturou e não tem mais crescido, mas o Instagram continua crescendo bastante. Mas que fique claro: não é porque eu falei que o Facebook estagnou em seu crescimento que nós devemos abandoná-lo.

Você pode estar se perguntando: por que não deixá-lo de lado se o potencial no Instagram se mostra superior?

Porque é no Facebook que estão os dados das pessoas. E adivinhe quem é o dono do Instagram? Ele mesmo, o Facebook!

No Capítulo 4, vou lhe contar tudo sobre anúncios, mas já adianto que a importância dos dados das pessoas é porque os anúncios para Instagram são feitos pelo gerenciador de negócios do Facebook.

Dados do próprio Instagram indicam que os usuários ficam conectados, em média, 4 horas por mês na mídia social. Além disso, são 15 vezes mais interativos que em outras redes sociais, como o Facebook, por exemplo, e 85% dos usuários seguem algum perfil comercial.

Confesso que achei um tanto estranho esse dado da média de horas, porque a minha média de conexão é de **2 horas e 36 minutos por dia**!

Você consegue ver a sua média de uso em Configurações > Atividade > Tempo no Instagram.

Imagino que você, uma pessoa interessada em ter sucesso no Instagram, use a rede social de forma parecida com a minha. Por isso, é essencial conhecer o tempo de conexão e a forma como consumimos conteúdo e nos relacionamos no Instagram. Desse modo, conseguimos perceber bem onde está a nossa atenção e a atenção do público.

Por falar em atenção, já guarde bem esta informação: o horário de pico de pessoas conectadas atualmente vai das **12**

horas às **21 horas**. Essa informação é bem importante porque vai ajudá-lo a nortear os melhores momentos para publicar.

Você já deve ter ouvido falar em termos como algoritmo e alcance orgânico, não é verdade? Eles são muito usados principalmente quando o Instagram faz alguma mudança no algoritmo, e isso diminui muito o potencial de alcance orgânico das publicações. E, acredite, essas alterações são mais frequentes do que você imagina.

Por isso, é importante atualizar-se frequentemente sobre Instagram e marketing digital em geral.

Atualmente, o alcance orgânico médio do Instagram é de **10% da nossa base de seguidores**. E tudo fica na média de 10%: os posts alcançam 10% dos seguidores, e 10% dos seguidores alcançados se engajam.

Estou com **27,5 mil** seguidores no meu Instagram pessoal enquanto escrevo este livro. Isso significa que, em média, **2.750** usuários veem meus posts. Destes, **275** pessoas se engajam curtindo, comentando, salvando ou enviando o post.

A média varia para mais ou para menos de acordo com o engajamento que cada post recebe, especialmente nos 30 primeiros minutos após a publicação ir ao ar.

Essa métrica tem total relação com os horários que têm mais pessoas online. Você sempre deve priorizar publicar em um horário com mais gente conectada. Porque 10% sobre um horário que tem 3 mil pessoas conectadas sempre vai ser maior do que em horário com 1.500 pessoas online.

Você entendeu a lógica?

Apesar de os melhores horários em geral ficarem na faixa das 12 horas às 21 horas, você pode consultar o período do dia em que a maior parte da sua base de seguidores está conectada. Para isso, vá em Informações > Público > role a tela até a parte de seguidores, em que você pode dividir por horários e dias. Importante: sua conta não pode ser pessoal.

Avalie essa métrica na sua marca e me conte no **@terradorafael**.

Vou detalhar mais ainda sobre horários em seguida. Antes, outros dados rápidos, frutos de pesquisas da Hootsuite e eMarketer, sobre o Instagram para encerrarmos esse panorama geral:

1. Instagram completou 10 anos em 2020

    O Instagram foi lançado oficialmente em 6 de outubro de 2010, e um milhão de pessoas criaram contas até dezembro daquele ano. A primeira postagem no Instagram veio alguns meses antes. Em 16 de julho de 2010, quando o co-criador Kevin Systrom postou uma foto de teste de um cachorro.

2. Instagram é o sexto site mais visitado
3. Instagram é a 9ª consulta mais popular do Google

4. O Instagram tem o quarto maior número de usuários de qualquer aplicativo móvel
5. Mais de 1 bilhão de pessoas usam o Instagram todos os meses
6. 88% dos usuários estão fora dos EUA

    Os americanos são a maior audiência do Instagram, mas estão muito longe da maioria. Completando os cinco principais países para usuários do Instagram estão:

    Índia: 120 milhões de usuários
    Brasil: 95 milhões de usuários
    Indonésia: 78 milhões de usuários
    Rússia: 54 milhões de usuários

7. A mistura de gênero no Instagram é bastante uniforme: 51% feminino e 49% masculino
8. Os usuários do Instagram gastaram em média 30 minutos por dia na plataforma em 2020
9. 200 milhões de usuários do Instagram visitam pelo menos um perfil de negócios diariamente
10. 81% das pessoas usam o Instagram para ajudar na pesquisa de produtos e serviços
11. 130 milhões de usuários do Instagram acessam postagens de compras todos os meses
12. Mais de 50% das contas do Instagram usam Explorar todos os meses
13. 11% das pessoas usam o Instagram como fonte de notícias
14. Apenas 1% dos usuários do Instagram não usam outras plataformas sociais
15. Mais de 1 milhão de postagens no Instagram todos os dias mencionam a palavra "meme"

16. 500 milhões de pessoas usam Instagram Stories todos os dias
17. 58% das pessoas dizem que ficaram mais interessadas em uma marca ou produto depois de vê-lo nos Stories
18. 50% das pessoas visitaram um site para fazer uma compra depois de ver um produto ou serviço nos Stories
19. As contas comerciais do Instagram apresentam um crescimento médio de 1,46% de seguidores mensais
20. A taxa média de engajamento para uma postagem no Instagram por uma conta empresarial é de 0,96%
21. São 1,5 bilhão de curtidas por dia;
22. 60 milhões de fotos postadas todos os dias;
23. Possui quinze vezes mais interação na comparação com as outras redes sociais;

Como falei, as redes sociais mudam constantemente, e o Instagram não é exceção. Os stories já foram o recurso mais bombado. Atualmente, a bola da vez é o feed.

Isso não quer dizer que stories e IGTV não merecem nossa atenção.

É preciso ficar muito claro que ambos também são maravilhosos. Inclusive, vou abordar ambos com detalhes no capítulo sobre conteúdo. Só que, atualmente, as grandes taxas de alcance e engajamento estão no feed. **Sua principal fonte de crescimento é o feed**.

TENHA CONSISTÊNCIA E PUBLIQUE NOS MELHORES HORÁRIOS

Você vai terminar de ler este livro com a certeza de que **é essencial publicar diariamente**. Sim, diariamente! Isso inclui sábados e domingos. O Instagram nunca fecha, correto? Sendo assim, não tem por que não ter atividade nesses dias.

Faço questão de destacar isso porque muitos alunos dos meus cursos e seguidores nas redes sociais me perguntam se devem publicar nos finais de semana. Sempre faço a seguinte comparação: sabe aquela pessoa a quem você dá oi no WhatsApp e que demora dias para responder? Ou então aquela com quem você tenta marcar algo, mas sempre diz não ter tempo?

Uma hora você cansa e esquece essas pessoas.

É a mesma coisa no Instagram. Não adianta você só fazer uma conta e não gerar conteúdo diariamente, nem cultivar relacionamento.

Quem não é visto não é lembrado. Você certamente já ouviu essa expressão. Isso também é verdade no Instagram; mas, como irá perceber, além de ser visto, você precisa **ser relevante**.

Você vai aprender a ser relevante com este livro.

Ninguém nasce uma autoridade digital no Instagram. **Reputação é repetição**.

Não adianta você postar três conteúdos por semana e achar que vai gerar reputação. Tem de publicar conteúdo diariamente, encarar o seu Instagram como um programa de TV. Não adianta publicar só quando você estiver inspirada ou inspirado.

Já imaginou se a Ana Maria Braga só apresentasse o *Mais Você* nos dias em que estivesse inspirada?

A Ana, o Louro José e toda a equipe de produção têm a importante missão de pôr no ar o programa de segunda a sexta-feira. Para isso, eles não dependem apenas de inspiração, e sim de estratégia e planejamento.

A constância do conteúdo é fundamental. No caso do *Mais Você*, o programa é transmitido de segunda a sexta-feira. Mas, como estamos falando de Instagram, aqui a programação não para nunca! Como dizem os americanos: é *twenty-four seven*!

Por isso, é importante publicar conteúdo diariamente e sempre no mesmo horário. Isso faz as pessoas fixarem na memória essa regularidade, da mesma forma como sabem de cabeça o horário do programa favorito delas.

É o que chamamos de agendamento. Nas teorias da comunicação, há um nome para isso: *agenda setting*. É como se fosse **um pacto de leitura** com os seus consumidores.

Se você não posta sempre, nem tem um horário definido para publicar, por que as pessoas o seguiriam?

Atualmente, o melhor horário para publicar conteúdo é às 21 horas. Estou falando isso baseado em pesquisas de mercado, na experiência de ter trabalhado com mais de quinhentos clientes em doze anos de marketing digital, e também por analisar diariamente os dados do meu próprio perfil no Instagram.

Portanto, a tendência é de que o pico de atenção das pessoas seja à noite, especialmente às 21 horas. Mas, como falei antes, no seu caso o melhor horário pode ser diferente.

Agora, se você quer **acelerar** ainda mais seu crescimento e sua construção de autoridade, publique duas vezes por dia: às 12 horas e às 21 horas. Meio-dia é um horário maravilhoso de postagem, pois é quando as pessoas vão para o almoço e dão uma espiadinha no smartphone.

O período das 12 horas às 13h30 é bom para fazer suas publicações. O restante da tarde não é um momento propício para publicar seu conteúdo.

Se você quer intensificar ainda mais a sua presença no Instagram, então publique três vezes por dia: às 7 horas, às 12 horas e às 21 horas.

Às 7 horas porque a pessoa vai acordar e dar de cara com o seu conteúdo. Esse é um bom momento para falar sobre **dados do mercado**, pois a audiência fixa na memória que sua marca entende do que está falando e é uma lançadora de tendências.

Às 12 horas é mais recomendada a **publicação de algo mais leve**: uma frase inspiradora, um posicionamento da sua marca, um meme que faça sentido para o seu negócio.

Às 21 horas é o momento para você publicar o **seu melhor conteúdo**. Sabe aquele carrossel com conteúdo bem rico? Já fiz muitos testes e posso garantir: o horário ideal para fazer a sua melhor publicação do dia é às 21 horas.

Veja bem: não estou dizendo que você precisa publicar três vezes por dia. Entretanto, uma vez que você escolheu o meu livro para melhor instruir o seu negócio no Instagram, garanto que você precisa, sim, postar pelo menos uma vez por dia, sete dias da semana.

Se você conseguir publicar mais de uma vez por dia, parabéns! Isso é muito importante porque cada pessoa tem hábitos de consumo diferentes.

Essencial: uma postagem por dia, às 21 horas.

Ideal: duas postagens por dia, às 12 horas e às 21 horas.

Perfeito: três postagens por dia, às 7 horas, às 12 horas e às 21 horas.

Bem, essa periodicidade é referente a publicações no feed. Não vamos nos esquecer dos stories.

É importante publicar diariamente nos stories, e em vários momentos. Respeite um período de 3 em 3 horas para criar um elo com as pessoas ao longo do dia.

Você pode estar pensando: *o Rafael enlouqueceu. Eu não tenho tempo para produzir conteúdos aos montes para os stories.*

Tenho uma ótima notícia para você: o tempo é você quem faz.

O que mais funciona nos stories é o conteúdo *real-time*, o que está acontecendo na sua loja, o que você está fazendo no momento. Portanto, nada de desespero! Seu dia a dia é riquíssimo em conteúdo, e até o fim do livro você vai perceber que isso é verdade.

O Instagram é para se relacionar com as pessoas, não é apenas para informá-las. Informar é simplesmente dizer "estaremos fechados hoje por tal motivo". Relacionar-se é transformar o conteúdo em **geração de valor** na vida do seu cliente. Costumo dizer que cada post deve ensinar alguma coisa.

Se eu fosse escolher uma palavra para resumir o aprendizado até aqui, escolheria **consistência**. Consistência é estar presente diariamente na vida dos consumidores. Nós, usuários de redes sociais, escolhemos prestar atenção em marcas pessoais e empresariais que têm consistência.

Sua área de atuação + contexto do cliente = engajamento de qualidade

Junte o que você domina mais o contexto do seu cliente para ter mais engajamento. Se você postar sem estratégia, vai gerar frustração.

O SEU INSTAGRAM NÃO É SÓ SOBRE VOCÊ

Então o Instagram é a rede social das oportunidades – para quem tem estratégia, obviamente –, com altas taxas de engajamento e número de usuários que cresce todos os meses.

Depois disso tudo, como você diz que o meu Instagram não é só sobre a minha marca, Rafael?

Digo isso porque você precisa gerar valor para a audiência. É preciso estar afinado com as causas e os valores do seu público-alvo. Instagram é relacionamento e *storytelling* – o ato de contar boas histórias.

Pense o seguinte: se você não contar boas histórias que o público quer consumir, nem produzir conteúdos que vão ensinar algo às pessoas, por que elas iriam seguir a sua marca?

A partir de agora, atente-se a isto: deixe de lado toda e qualquer vaidade. Vou lhe contar duas rápidas histórias com **lições poderosas**.

Você já deve ter ouvido falar da série *Game of Thrones*, da HBO, certo? Então, depois que a última temporada foi ao ar, 40% dos assinantes deixaram de assinar o canal porque só estavam interessados em assistir a *Game of Thrones*.

A lição poderosa nesse fato? Não se deve gerar conteúdo exclusivamente sobre você e sua marca. É necessário gerar conteúdo relevante para o seu público-alvo.

Além da última temporada não ter agradado a muita gente, a HBO também não agregou mais nada aos fãs de *Game of Thrones* após o término do seriado. Ou seja, deixou de ser relevante para uma importante parcela de assinantes do canal.

A outra história é pessoal.

No fim de 2019, eu tirei férias e fiz uma viagem. Nesse período, comecei a postar fotos da minha viagem no Instagram. Perdi muitos seguidores fazendo isso.

Por quê?

Porque, na cabeça das pessoas, o Rafael Terra estava deixando de falar sobre marketing digital e passando a falar sobre viagens, quase como um blogueiro de turismo.

A lição poderosa desta história é: quando você para de dar aquilo que o seu cliente quer, ele para de segui-lo. Por consequência, deixa de consumir seu conteúdo e seus produtos ou serviços.

Portanto, deixar de gerar valor para audiência é prejudicial para marcas pessoais e empresariais de todos os portes.

O SEU INSTAGRAM NÃO É SOBRE TUDO

Assim como o seu Instagram não é sobre você, ele também não é sobre tudo. Se você falar de tudo, vai tentar conquistar a atenção de todo mundo. E adivinhe? Não vai conseguir a atenção de ninguém.

Tentar falar sobre tudo é ser uma marca chocha, sem graça, sabe?

Costumo dizer que o Instagram é como um canal de TV, mas um canal de TV fechada! O genial hoje é encontrar um **nicho de mercado**. Se for o caso de atuar em diversas frentes, divida a comunicação em mais de uma conta no Instagram.

Não tem problema nenhum possuir duas ou mais contas no Instagram para uma mesma marca. Certa vez, eu ministrei uma consultoria para uma marca chamada Supra.

A Supra produz rações para animais. Perceba o quão ampla é a atuação: desde pets domésticos até suprimentos para bois e cavalos.

Uma pessoa que tem um gato vai querer receber conteúdo sobre alimentação de bovinos? Claro que não!

Por isso, a estratégia que adotamos com a Supra foi de atuar com duas contas no Instagram:

- **@suprapets**: para produzir conteúdo voltado a donos de animais de pequeno porte, como cães, gatos, coelhos e roedores;
- **@racoessupra**: para produzir conteúdo com foco em agricultores e produtores de aves, bovinos, equinos, ovinos, pesca, suínos, entre outros.

Não tenha medo de dividir a atuação do seu negócio no Instagram. Se for para temer algo, que seja o medo de ser irrelevante!

Sua marca precisa focar na dor do cliente. Costumo dizer que existem dois tipos de dor: a de vitamina C e a de benzetacil.

Vou exemplificar ambas as dores com a minha estratégia de negócios.

O público-alvo dos meus produtos de Instagram marketing, inclusive este livro, é para dois principais profissionais:

- **Dor de vitamina C:** esse público é composto por profissionais da comunicação, como jornalistas, publicitários e relações-públicas que já trabalham com digital e querem atualizar conhecimentos para qualificar seus serviços. A dor deles é menos intensa, pois já são familiarizados com pelo menos uma parte do conteúdo.
- **Dor de benzetacil:** é quem empreende e quer melhorar sua marca no Instagram, ou até mesmo criar sua presença digital do zero. Abrange desde profissionais de moda até donos de shoppings. O escopo é amplo. São pessoas que, em geral, nunca tiveram proximidade com conceitos de comunicação e marketing digital. A dor deles é intensa, pois a familiaridade com Instagram marketing é pouquíssima ou não existe.

Para cada um desses clientes, eu foco em um tipo de abordagem.

Para os comunicadores, destaco que a dor de vitamina C pode ser curada ao agregar a gestão de Instagram como um serviço viável para vender aos clientes. Para os que já vendem, este livro é um treinamento completo que permitirá a eles cobrar mais pelo serviço de Instagram marketing, inclusive!

Para os empreendedores e empresários, a dor de benzetacil é não estar vendendo pelo Instagram. Alguns estão no Instagram porque todo mundo diz que é importante ter conta nele. Outros nem sabem para que serve. Então, eu foco em dizer que esse público precisa comprar este livro para aprender a vender mais pelo Instagram.

Veja quem é o seu público-alvo e perceba quais são as dores desses clientes. Comece a estratégia curando essas dores.

Mas como descobrir a dor do cliente?

Um modo possível é por meio de pesquisa de mercado. Faça um questionário para descobrir as principais dúvidas dos clientes.

Outras formas são pelo próprio Instagram. Use a figurinha de enquete nos stories para receber as dúvidas de seus seguidores. Lembre-se também de sempre ler (e responder a) todos os comentários das publicações – isso ajuda muito a ter insights para produzir conteúdo!

Não se limite apenas a receber perguntas e responder a elas. Mapeie as dúvidas dos clientes e dê respostas utilizando diversas maneiras, como:

- Stories;
- Stories fixados no perfil;
- Vídeos no feed;
- Conteúdos em lista;
- Carrosséis.

Muitas vezes, as pessoas têm objeções e não compram seus produtos de cara. Responder a perguntas ajuda a solucionar essas resistências, estimulando os usuários a escolher comprar seu produto ou contratar seu serviço. Falarei muito mais sobre estratégias com stories e conteúdo em geral nas próximas páginas.

ACOSTUME-SE COM AS MUDANÇAS

Conquistar os objetivos da sua marca no Instagram não é impossível. Ao contrário: quando se aplicam as **melhores estratégias**, chega a ser fácil. Ainda vou lhe mostrar muitas maneiras práticas de definir objetivos e conquistar todos eles.

Mas ser fácil não quer dizer que não sejam necessários empenho e estudo. Com este livro, você já está estudando a partir de uma fonte completa de Instagram marketing. Eu já estou no mercado digital há mais de quinze anos, e essa experiência toda me permitiu criar este livro que vale tanto quanto uma especialização.

Depois de terminar a leitura, será a hora de você pôr os ensinamentos em prática!

O que posso garantir é que a internet e as redes sociais mudam constantemente. Às vezes, são mudanças pequenas; outras, capazes de dividir a história das marcas entre antes e depois. Para o bem e para o mal.

Por que estou pedindo para você se acostumar com as mudanças? Porque o Instagram é como a mente das pessoas: muda o tempo todo.

Antes da última grande atualização, algumas marcas usavam como estratégia automatizar ações como seguir e deixar de seguir pessoas para aumentar seguidores. Por favor, não faça mais isso. Em 2019, o Instagram mudou drasticamente e fechou sua API (Application Programming Interface, Interface de Programação de Aplicativos). Isso significa que, desde então, ele não quer mais que aplicativos externos atuem no seu funcionamento.

Ou seja: esse tipo de ferramenta não traz ganhos para uma boa estratégia, e ainda pode penalizar sua conta! Ainda neste capítulo, falarei mais sobre penalizações e como você pode evitar que a sua conta seja prejudicada.

OS QUATRO PILARES DE UMA ESTRATÉGIA DE SUCESSO

O Instagram muda com frequência, mas certas coisas nunca mudam no marketing digital. A necessidade de executar uma estratégia consistente jamais vai sair de moda.

Para que você construa uma estratégia de sucesso para a sua marca, vou lhe dar a receita em quatro pilares consistentes. Em uma sigla: AIPA.

Atenção

Influência

Persuasão

Autoridade

ATENÇÃO

As pessoas demoram 1 segundo para escolher se vão ler um post na rede social. É o famoso *scroll* do dedinho. Você bate o olho no post e, se não chamar sua atenção logo de cara, você já vai para o próximo no feed.

Sua missão é fazer com que seus posts proporcionem uma sensação de **leitura escaneada**.

A leitura escaneada é uma vertente do marketing digital que estuda os fatores que fazem as pessoas prestarem mais atenção num post do que em outros. É importante que você entenda essas características para criar publicações atraentes.

Veja as dicas práticas a seguir para melhor compreender:

1. **Entregue conteúdo**: o primeiro fator é entregar conteúdo logo de cara e não simplesmente trabalhar com chamadas. Fazer uma publicação dizendo que há um artigo novo no blog da marca não gera interesse nas pessoas.

    Mas o conteúdo do meu blog é muito bom, Rafael. Certamente vai interessar as pessoas!

    Acredito na sua palavra e tenho certeza de que seu conteúdo é valioso! Entretanto, a pessoa vai tomar a decisão de ler seu post em apenas 1 segundo. É impossível que, em tão pouco tempo, ela decida ler o post no feed e ainda se convença de que vale o esforço de sair do Instagram para ler o artigo.

    Você só vai conseguir isso depois de muito empenho para ser uma autoridade em seu nicho. Até lá, um post sem elementos que ofereçam a leitura escaneada não passará de uma tentativa de interromper o que o usuário está fazendo no Instagram para tirá-lo do app.

Vamos supor que você faz um post sobre dez tendências do seu mercado de atuação. Se você já oferecer uma parte do conteúdo do artigo no próprio Instagram em forma de carrossel, sua marca já estará gerando interesse nos usuários para a promessa que você diz cumprir no seu blog.

Entregue um conteúdo de cara, sem medo!

2. **Opte por legendas matadoras**: uma foto bonita é só uma foto bonita. É a legenda que contextualiza as fotos. Mesmo que você seja um produto ou serviço muito visual, como do ramo da fotografia, procure aliar as imagens a uma legenda com frase de impacto ou história que prenda a atenção da pessoa.

   Ainda neste capítulo, falarei sobre **gatilhos mentais** (guarde essas palavras!), e ainda há um capítulo totalmente dedicado à produção de conteúdo.

3. **Faça listas sempre que possível**: vamos supor que você é um profissional do ramo do direito e quer falar sobre reforma trabalhista. Em vez de você fazer um card com uma chamada única para explicação apenas na legenda (ou fora do Instagram), faça uma lista já na imagem.

   Por exemplo:

   ENTENDA A NOVA LEI TRABALHISTA EM CINCO PASSOS.

   Então, liste os cinco passos na própria arte, complementando na legenda o que for necessário. Isso vai chamar a atenção das pessoas.

4. **Aposte em informações visuais**: transforme a informação em gráficos e emojis.

   Pretende contar que a sua marca ganhou um prêmio? Use o emoji de troféu e conte sua história. Quer falar que sua marca completou dez anos? Coloque o número dez bem grande na arte, e, embaixo, conte que está celebrando a primeira década de vida.

Tudo o que é gráfico gera mais atenção do que é simplesmente escrito. Essa dica da infografia também complementa a dica sobre listas. Use numerais ou emojis para pontuar suas listas.

5. **Legenda embaixo do card**: atualmente, são 75 caracteres antes do botão *Ver mais*. É nesse começo de post que você precisa chamar a atenção e fazer com que a pessoa consuma seu conteúdo. Uma boa dica é começar sua legenda em CAIXA-ALTA.

Vamos supor que você vai anunciar uma palestra online gratuita. Optaria por começar a publicação de qual forma?

Exemplo 1:

No dia 15 deste mês, vou participar de um evento online em que falarei sobre a história da minha marca. Inscrições gratuitas pelo link na minha bio.

Exemplo 2:

Palestra online gratuita. No dia 15 deste mês vou realizar uma palestra online gratuita em que vou falar sobre a história da minha marca. Inscrições gratuitas pelo link na minha bio.

Se você optou por uma abordagem como a do segundo exemplo, fez a escolha que mais chama a atenção das pessoas no feed!

Veja: **nos dois exemplos, o que está em negrito são os caracteres iniciais de ambas as legendas, aquilo em que os usuários mais prestaram atenção**. No primeiro exemplo, a informação de que as inscrições são gratuitas ficaram no fim.

Lembra-se daquele 1 segundo que cada usuário leva para decidir se continua consumindo o conteúdo no feed ou não?

Nesse piscar de olhos, você perderia a atenção das pessoas sem que elas soubessem que a inscrição é gratuita.

Portanto, pense sempre em um texto em que as duas primeiras palavras estejam em caixa-alta. Escolha termos alinhados à sua estratégia para atingir seus objetivos.

Outra dica para aprimorar a leitura escaneável é começar a legenda com um fato novo, algo de que o seu cliente ainda não saiba, como um lançamento da sua marca.

No Capítulo 2, vou lhe contar mais técnicas para escrever legendas que chamem a atenção das pessoas e gerem vendas.

É importante trabalhar a leitura escaneável também em vídeos no feed e no IGTV. Diretamente no vídeo, escreva um título no cabeçalho, centralize as imagens e use legendas. Veja este exemplo:

O título é para chamar atenção no feed e já indicar o assunto do vídeo.

A legenda é fundamental porque a maioria das pessoas não assiste aos vídeos no Instagram com áudio. Então, com as legendas, você não perde a atenção das pessoas, que recebem a informação sem precisar ligar o som.

Um complemento sobre o vídeo: pesquisas de **neuromarketing** indicam que ninguém quer cometer os mesmos erros que outras pessoas e empresas já cometeram. Então, é interessante usar **chamadas negativas** nos seus vídeos para gerar impacto. Por exemplo:

Cinco erros para evitar no Instagram.

Em resumo, o primeiro pilar é que o card ou o vídeo chame a atenção logo de cara.

INFLUÊNCIA

O que gera influência em perfil do Instagram e na vida? **Somos influentes quando outras pessoas falam de nós.**

Para ter a influência como **pilar estratégico,** é essencial ter feedback dos clientes. É pelo feedback de quem já comprou seu produto ou serviço que você vai ser uma pessoa influente.

Se você visitar a conta de uma marca em que:

- Ninguém comenta nada sobre ela;
- Ninguém a menciona;
- Ninguém compartilha os conteúdos.

Então essa empresa não é influente.

Dica de ouro: gere depoimentos dos clientes!

Mas, para isso, dê motivo para as pessoas falarem de você e sua marca!

Não perca a chance de ganhar seguidores! Sempre divulgue o @ da sua marca para quem você puder! O meu usuário é **@terradorafael** e eu sempre o divulgo.

Se você tem uma loja, já coloque o seu @ adesivado na fachada. Se você tem uma loja de roupas, adesive as araras dos cabides ou o provador com mensagens que estimulem o compartilhamento. Por exemplo:

Gostou do estilo? Compartilhe com a #nomedasuamarca para suas amigas curtirem seu look!

Faça com que as pessoas falem de você!

Antigamente, trocávamos cartões de visita. Hoje, trocamos @ de Instagram.

O nosso @ pode ser usado como QR Code para pôr em cartão de visitas. Atualmente, a maioria dos celulares já conta com leitor de QR Code na câmera. Nem precisa mais baixar um aplicativo somente para isso. Já é meio caminho andado!

Insira seu usuário também na assinatura do e-mail. Todos os espaços podem ser aproveitados, portanto, não perca a oportunidade!

Quando uma pessoa segue você, é um relacionamento a longo prazo que você está construindo.

E o que é a base de um relacionamento? É conteúdo, gente!

Em resumo, se você está num nível em que as pessoas naturalmente compartilham seu conteúdo e comentam no seu perfil, é porque você já é uma marca influente!

Outro sinal de influência é quando começam a falar mal de você. Não há problema nenhum nisso! É natural que algumas pessoas não gostem de você à medida que você cresce e expande a sua audiência.

É como tudo na vida: não tem como agradar a todo mundo.

CAPÍTULO 1 ◆ ESTRATÉGIA NO INSTAGRAM

Se tentamos agradar a todos, nós nos tornamos uma marca chocha. Quando sua marca se posiciona, você engaja pessoas que pensam de formas semelhantes, e isso gera um ranço com outras que não concordam com seu posicionamento.

É importante ficar claro o seguinte: refiro-me a falarem mal da sua marca num sentido de discordância, às vezes até de inveja. Não estou dizendo que vai ser bom se a cozinha do seu restaurante for infestada de ratos, e isso acabar exposto no Instagram, por exemplo. Aí não se trata de falarem mal da sua marca por mera opinião da audiência, mas, sim, de uma crise que precisa ser resolvida.

Resumindo: influência vem do outro. Somos influentes quando outras pessoas chancelam nosso trabalho.

Bem, digamos, então, que você conquistou o mais difícil, que é as pessoas falando da sua marca. Agora é hora de ser estrategista a ponto de recompartilhar.

Você não pode apenas ir lá e deixar o like. Peça autorização para compartilhar o conteúdo gerado pela sua audiência, principalmente nos stories!

Aliás, se você já estiver curtindo a leitura, tire uma foto do livro, publique nos seus stories e me marque lá **@terradorafael** para eu conhecer quem comprou meu livro e saber o que você está achando. Vou adorar receber o seu feedback e, claro, compartilhar a sua opinião com a minha audiência!

Para intensificar a estratégia de influência da sua marca, você pode trabalhar com **influenciadores digitais**. Quando pessoas influentes na sua área falam sobre sua marca, isso gera uma influência muito grande. Outra ótima estratégia é fazer conteúdo junto com pessoas influentes no seu mercado.

Um exemplo pessoal para ajudar você: em 2020, fiz uma live com a **@anatex**, uma pessoa superinfluente no Instagram e que, na época, tinha uns 400 mil seguidores. **Só nessa live, ganhei mais de 2 mil seguidores**.

Quando uma pessoa superinfluente convida alguém para uma live, como a **@anatex** fez comigo, é porque entende que você e sua marca têm o que agregar à audiência dela.

É essencial que você se relacione com as marcas do seu nicho! A mentalidade de que empresas do mesmo ramo são concorrentes ficou no passado. Na era digital, um valida o outro! Aí o mercado vê quem são as pessoas ou empresas que andam juntas, digamos assim.

PERSUASÃO

Você já tem a atenção das pessoas. Já aprendeu como tornar a marca influente. Agora, vamos falar sobre a **persuasão**.

Não adianta ter atenção, influenciar pessoas, se não persuadi-las a fazer o que você quer. Não encare a persuasão como um palavrão. Persuadir o público é guiar o cliente a efetivar o que você quer. Como um cadastro ou uma compra.

Como usar a persuasão? Com os famosos **gatilhos mentais**.

Gatilhos mentais são palavras que fazem as pessoas agirem. Vejo muita gente dizer que não entende por que sua conta no Instagram não vende, principalmente de pessoas do comércio de roupas. Algumas chegam a afirmar que publicam uma saia e recebem centenas de comentários, mas ninguém compra nada.

O que eu faço? Vou lá no perfil da marca, analiso as publicações e vejo que as legendas são sempre do tipo "Gente, olha que linda! Chegou aqui na loja essa saia vermelha".

Mas esse erro é bem fácil de consertar.

A pessoa precisa dizer que chegou a saia e SÓ HÁ TRÊS PEÇAS DISPONÍVEIS! Esse é um gatilho mental de **escassez** que desperta um **senso de urgência** em quem lê. Isso motiva a pessoa a comprar antes que acabe!

Os principais gatilhos mentais são:

Urgência: foque em datas. Por exemplo:

É ATÉ AMANHÃ:
GARANTA AGORA O PREÇO PROMOCIONAL COM 50% DE DESCONTO NA PRÉ-VENDA DO CURSO DE MAQUIAGEM PROFISSIONAL.

Se você não estabelecer uma data-limite curta para o término da oferta, as pessoas vão saber da existência dela, mas a tendência é que adiem a tomada de decisão da compra. Às vezes, acabam até esquecendo que seu produto existe.

Escassez: foque em poucas unidades. Eventos vendem ingressos em lotes para que as pessoas priorizem comprar no primeiro pagando o preço mais acessível. Em geral, o primeiro lote é o que possui menos unidades disponíveis, justamente para que os clientes comprem o quanto antes. Sites de hotéis e de passagens aéreas também sempre investem nesses gatilhos mentais.

Depois que você ler este livro, aproveite para estudar mais sobre gatilhos mentais. Leia o livro *As armas da persuasão*, do psicólogo Robert Cialdini. Essa obra praticamente guiou todo o uso dos gatilhos mentais no marketing digital.

Nunca é demais repetir: consistência é o que vai fazer você crescer no Instagram. É por isso que o próximo gatilho mental é o meu favorito.

Reciprocidade: nosso cérebro nos induz a retribuir quem nos dá algo.

Já aconteceu de você receber sua família no Natal, e um parente distante lhe trazer um presente sem que você tivesse como presenteá-lo também? Depois disso, você ficou com aquela sensação de precisar retribuir de alguma forma.

É por isso que falo tanto sobre sua marca produzir conteúdo relevante para seu público-alvo!

Você não produz conteúdo só para ser legal com o público. Quando você ajuda pessoas, elas vão querer comprar seus produtos ou contratar seus serviços porque você ajudou muito elas.

Engaje gente engajada. É bem mais fácil vender alguma coisa para quem já está engajado com você do que tentar engajar alguém com quem você não tem nenhuma ligação. Isso vale muito para os negócios, mas também para diversas áreas da vida!

Spoiler: o gatilho mental de reciprocidade tem muito a ver com *remarketing*, que veremos no capítulo dedicado a anúncios no Instagram.

Agora que você já sabe como conquistar a atenção das pessoas e influenciá-las com gatilhos mentais de persuasão, vamos descobrir como transformar tudo isso em autoridade.

AUTORIDADE

Ser autoridade é guiar o mercado e lançar tendências.

Mas não adianta guardar as novidades para si. **Inovação só é inovação quando é contada.** Inovar não quer dizer ser o primeiro do mundo. Sua marca pode ser a primeira na sua cidade ou no seu nicho em relação a uma determinada iniciativa.

Como falei antes: ninguém nasce uma autoridade no Instagram. Você se torna uma no caminho. **Reputação é repetição!**

Outra questão que gera autoridade é ficar de olho nas tendências do seu mercado de atuação. Isso tem bastante ligação com todos os outros pilares.

Um exemplo pessoal prático: no fim de cada ano, estudo o que está crescendo no mercado de marketing digital em nível global e faço um compilado, o que mostra que estou atento às tendências. Cada compilado chama atenção não apenas das pessoas que me seguem, como também da mídia.

Como falei, as pessoas chancelam sua influência, e a mídia também. Isso porque mídias tradicionais, como jornais e revistas, fortalecem ainda mais sua autoridade quando falam de sua marca, pois cada veículo precisa fazer escolhas daquilo que irá abordar em seu canal.

Lembra a teoria do **agenda setting** que mencionei antes? Elencar o que está por vir e ser fonte para veículos tradicionais é uma forma de ajudar a pautar o que o seu mercado irá falar a seguir.

Uma dica superprática para lhe dar visibilidade na imprensa e fortalecer sua autoridade: o site *Dino* (www.dino.com.br) é uma ferramenta paga que distribui sua notícia em sites de veículos como *Veja*, *Exame*, *Estadão* e *Mundo do Marketing*.

Logicamente, sua marca não ganha destaque nos portais, mas você pode compartilhar no seu Instagram que sua empresa foi notícia nesses veículos! As pessoas vão olhar e pensar "Nossa, não é qualquer um que vira notícia num site como o *Estadão*". Isso fortalece sua autoridade!

Pesquisas mostram que costumamos comprar de marcas que têm maior sucesso naquilo que estão vendendo. É bem fácil de entender isso. Afinal, ninguém quer tomar um remédio que ainda não foi testado por outras pessoas, certo?

Antes falei dos depoimentos, e aqui trago mais exemplos práticos de como ganhar autoridade. Se for um consultor, você pode fazer vídeos para mostrar cases do seu trabalho.

Quando vendo meus cursos, sempre estimulo que os alunos me mandem feedbacks sobre os resultados que tiveram a partir das aulas e peço autorização para divulgá-los. Muitas pessoas já fizeram cursos sobre Instagram comigo, e uso esses feedbacks para divulgar novos produtos relacionados ao Instagram, inclusive este livro.

Números também fortalecem autoridade. Número de seguidores funciona muito para construção de autoridade. Mas é preciso focar em ter **seguidores compradores**, sobre os quais falarei ainda neste capítulo.

Faça esta reflexão comigo: conheço muitas pessoas que são incríveis, cheias de qualificações nacionais e internacionais. Aí você entra no Instagram delas, vê que possuem 400 seguidores e não publicam conteúdo que mostre o quanto elas conhecem da área em que trabalham.

Você não imagina como isso é frequente, principalmente no ramo da educação. Já vi cursos Brasil afora que preferem compor o quadro de professores com profissionais que têm mais autoridade no digital do que conhecimento na área.

É uma total inversão da lógica a que o mundo estava acostumado. Antigamente, para dar aula, você precisava ter pelo menos um mestrado. Hoje, para ser referência no seu mercado a ponto de lecionar, é mais importante ser uma autoridade do que ter certificações para conquistar esse espaço.

Então, desculpe-me a má notícia: autoridade também é uma questão numeral.

Apesar disso, já lhe adianto: **nunca compre seguidores!** Seguidores comprados são falsos e não são compradores da sua marca. Além disso, a compra ainda pode penalizar sua conta.

SERÁ QUE É TUDO CULPA DO ALGORITMO?

E aí, o que você acha? Convido-o a analisarmos juntos o algoritmo do Instagram para entender se ele é culpado dos maus resultados de muitas marcas.

É fundamental entender o algoritmo na parte da estratégia porque é preciso **agradar às pessoas (com conteúdo relevante) e ao algoritmo** para a sua marca prosperar no Instagram.

O algoritmo é como o diretor de um programa de TV. O Boninho, da Globo, põe um programa no ar e vai sentindo como a audiência responde. Se o programa não tem muita audiência, ele logo faz mudanças ou o tira do ar em definitivo.

Enquanto eu escrevia este livro, no primeiro semestre de 2020, o algoritmo considerava o seguinte para fazer a seleção de conteúdo apresentada a cada usuário, seja no feed, seja nos stories:

1. **Engajamento rápido**: para dar mais destaque às publicações, o primeiro ponto que o algoritmo considera é se o post recebe bastante engajamento (curtidas, comentários, enviar, salvamentos) logo de cara.

    Reza a lenda de que essa análise é feita nos 30 primeiros minutos de vida da publicação. Pelos meus testes, esse tempo é cada vez menor. Ouso dizer que, atualmente, tem de haver um engajamento relevante nos 15 primeiros minutos.

    Ou seja: conquistar engajamento já nos primeiros minutos é fundamental. O like da mãe, do pai, do namorado, da namorada, do cachorro, do papagaio... **todo engajamento é muito importante!**

2. **Tempo de consumo**: o algoritmo também vê muito a retenção dos usuários no post. Retenção é o tempo que as pessoas ficam na publicação. Por isso, é importante fazer posts com carrossel, vídeos e, eventualmente, textos mais extensos que estimulem a leitura.

Esses dois itens compõem o panorama geral do algoritmo.

Por falar em carrossel, olha só que interessantes são estes dados do primeiro semestre de 2020 divulgados pelo Socialbakers sobre interações orgânicas no feed:

Média de interações orgânicas do Instagram por tipo de postagem

Carrossel = 138

Imagens = 99

Vídeos = 80

O carrossel é (e promete seguir sendo) o tipo de postagem com maior potencial de receber engajamento. Portanto, invista nesse formato!

A seguir, explico em detalhes como o algoritmo atua no feed e nos stories.

ALGORITMO NO FEED

♡ **Analisa nossos interesses**: se uma conta posta sobre viagens, mas você nunca interage com publicações desse assunto, dificilmente ele vai lhe mostrar publicações de turismo.

No Instagram, vivemos numa bolha. Meu Instagram, por exemplo, se resume a posts de marketing digital e viagens, porque trabalho com marketing digital e amo viajar. Então, é basicamente isso que eu consumo.

Não adianta falarmos de tudo, senão não iremos gerar uma proximidade com os interesses das pessoas que podem receber seus posts.

♡ **Proximidade**: o algoritmo avalia a proximidade entre a conta que publicou e o usuário que vai receber os conteúdos.

Só seguir a conta não gera proximidade. O que gera proximidade é o usuário **comentar** ou, principalmente, enviar direct message (DM) para a sua marca. Então, é muito importante você estimular que os usuários lhe enviem DM.

Dessa forma, o algoritmo entenderá que um usuário comum se tornou um usuário com um relacionamento profundo. O usuário cria uma proximidade com sua marca!

Notificações ativadas: uma vez por mês, ensine as pessoas a ativarem as notificações das suas publicações.

Vá em "..." de uma publicação da sua marca, clique e selecione *Ativar notificações de publicação*. Isso significa que, após essa ativação, o usuário será notificado a cada post que você publicar! E o algoritmo entenderá que o usuário tem grande interesse em ver suas publicações.

Ensine a audiência uma vez por mês para evitar que as pessoas fiquem saturadas se você constantemente tentar ensiná-las, sobretudo aquelas que já ativaram as notificações. Inclusive, ative-as no **@terradorafael** para não perder nenhum conteúdo.

Temporalidade: é o match entre pessoas que estão online e os posts que estão sendo publicados naquele momento.

Para ter mais chances de dar esse match, é importante postar mais de uma vez por dia. Lembra os horários que falamos no capítulo anterior? Os melhores atualmente são às 7 horas, às 12 horas e às 21 horas, mas você sempre pode consultar as configurações do app para ver a atividade do público que segue sua conta.

Frequência de acesso ao app: está bastante vinculada à temporalidade e é muito pessoal de cada usuário. O Instagram identifica em quais momentos do dia e quantas vezes cada pessoa abre o aplicativo. É nesses momentos que o app entrega mais conteúdo no feed. Você consegue ver suas informações nas configurações do aplicativo.

- **Comunidade**: quais contas cada usuário segue. Costumo chamar de **comunidade** quando uma pessoa segue duas ou mais marcas de um mesmo segmento.

O Instagram identifica o interesse do usuário nos temas sobre os quais as marcas publicam e prioriza entregar conteúdos dessas contas. Por exemplo, se você me segue no **@terradorafael** e segue a **@anatex**, é maior a probabilidade de receber os conteúdos de marketing digital que a Anatex e eu publicamos.

É por isso que eu digo e reforço: **não podemos ser inimigos dos concorrentes**.

Se as pessoas seguem você e um ou mais concorrentes, o Instagram vai otimizar a entrega do que você publica. Aí é só você aplicar o que está aprendendo que, certamente, sua marca vai se diferenciar e ser mais relevante que a concorrência.

Na prática, o algoritmo age assim: faz o match entre pessoas online no momento da publicação (temporalidade/frequência de uso), os interesses dessas pessoas, a proximidade delas com a conta que publicou e se elas seguem diversas contas sobre um mesmo assunto. Depois disso, ele começa a pontuar o post de acordo com o ranking de valor de cada engajamento:

RANKING DAS AÇÕES DE ENGAJAMENTO DE UM POST

1 - SALVAR
2 - COMPARTILHAR
3 - COMENTÁRIO
4 - CURTIR
5 - VISUALIZAR

Por mais que o Instagram tenha sido criado originalmente para postar fotos, pouca gente hoje salva fotos. **As pessoas salvam conteúdo.** Carrosséis, listas, produtos, tudo o que for conteúdo relevante!

Isso explica por que o salvar é a métrica mais importante para o engajamento. Além disso, perceba que não se trata de uma métrica de vaidade, pois somente quem administra a conta consegue vê-la. Curtidas, a maior métrica de vaidade, é a penúltima na lista.

Quando você tem um bom desempenho, você pode aparecer na página **Explorar**. Aparecer no Explorar é sinônimo de ser relevante. As chances de conquistar novos seguidores aparecendo nessa aba do aplicativo são muito grandes!

O Instagram não revela se há uma exigência mínima para que uma publicação ganhe destaque no Explorar. Porém, para você ter uma ideia de como algum post conquista esse nobre espaço, veja a seguir um post meu como exemplo. Ah! Considere que, à época, eu tinha por volta de 26 mil seguidores, e lembre-se da regrinha dos 10% que mencionei anteriormente.

INSTAGRAM MARKETING

Publicado em 17 de março de 2020

450 SALVAMENTOS

512 COMPARTILHAMENTOS

97 COMENTÁRIOS

2.900 CURTIDAS

O post em questão foi um carrossel recheado de conteúdo! Uma publicação que aconteceu exatamente no dia em que começou oficialmente a quarentena no Brasil, então o fator *timing* certeiro também foi fundamental.

Em resumo: dei ao meu público informações relevantes para ajudar cada seguidora e cada seguidor a se planejar para o cenário cheio de incertezas que começava naquele momento.

Importante: você não recebe notificação quando seu conteúdo aparece no Explorar, mas é possível ver no Explorar da sua própria conta. Uma forma de descobrir que foi destacada nessa seção é detectar um alto engajamento da publicação em questão. Portanto, sempre olhe o seu próprio Explorar para ver se seu post está lá.

Mitos sobre o algoritmo no feed:

1. **Vídeos ranqueiam mais que imagens.** Não há um favorecimento em função do formato, o conteúdo é o que importa.

2. **Interações falsas são boas para sua conta.** Muita gente costuma comprar curtidas ou criar grupos para que pessoas curtam os conteúdos. Como falei antes, o like da mãe, da família e dos amigos é bom, sim, mas somente para começar a atuação no Instagram! Você não pode considerar que isso vai salvar a sua conta e tornar o seu Instagram relevante. Depois de um tempo, o Instagram identifica que são sempre as mesmas pessoas que estão lá engajando e diminui as taxas de alcance e de engajamento.

3. **Comentários longos criam mais engajamento.** Falso também. Qualquer comentário tem o mesmo valor para o algoritmo. Isso, claro, se não forem feitos sempre pelas mesmas pessoas, como falei no mito anterior.

4. **Contas comerciais e de produtor de conteúdo têm mais alcance que contas pessoais.** Já tive os três tipos de conta: pessoal, produtor de conteúdo e comercial. Posso afirmar seguramente, mais uma vez, que o conteúdo é o

que importa. Mas indico que você crie conta comercial, porque só nesse tipo de conta será possível fazer algumas segmentações de anúncios. Uma delas é o *remarketing*, por exemplo. Veremos juntos tudo isso no Capítulo 3.

ALGORITMO NOS STORIES

Você se lembra do Snapchat?

O Snapchat é um aplicativo de conversação por fotos e vídeos que fez muito sucesso, principalmente porque trouxe uma série de interatividade usando filtros. Os filtros de orelhinha de cachorro e de carinha de bebê, sabe?

Além desses recursos, os conteúdos publicados no Snapchat duravam apenas 24 horas. Depois disso, sumiam para sempre.

Os stories do Instagram são uma cópia do que o Snapchat criou de melhor.

Por ser uma cópia de um app focado em conteúdo temporário e feito com o rosto das pessoas, entramos no principal fator que o algoritmo dos stories do Instagram valoriza: **o seu rosto**.

1. **Mostre você mesma(o)**: a primeira dica para agradar ao algoritmo é que você sempre comece sua sequência de stories aparecendo na tela. Ou seja, ao menos o primeiro story da sua sequência – que vai ficar disponível por 24 horas – precisa ter você como protagonista!

2. **Enquetes**: combine seu primeiro story do dia com vídeo seu + o uso da figurinha de enquete. **Você estará dando tudo o que o algoritmo quer!** E receberá interação da sua audiência, o que vai estimular o algoritmo ainda mais; de quebra, você ainda gera insights valiosos para conhecer melhor seu público.

3. **Frequência de publicação**: mantenha uma boa frequência de publicação de stories. O ideal é fazer de 3 em 3 horas.

Não dê todo o seu conteúdo de uma só vez, pois uma longa sequência cansa a audiência e causa dispersão do público.

Pesquisas indicam que o ideal é fazer quinze stories por dia, e o perfeito é que sejam trinta.

Olha, vou confessar: é difícil ter uma produção diária tão grande. Geralmente faço uns dez por dia, procurando ficar o mais próximo possível do cenário ideal. Mas se você tem condições de fazer até trinta por dia, respeitando uma média que divida bem o conteúdo de 3 em 3 horas, vai nessa! E lembrando: de segunda a segunda.

Um ótimo período para fazer stories é no domingo à noite. Além de as pessoas terem mais tempo, a vida útil dos stories vai até, pelo menos, o fim da manhã de segunda. Então é um excelente momento para lançar promoções e produtos para que as pessoas comprem no dia seguinte, por exemplo.

4. **Interação do público**: todos os recursos que estimulam interação com quem assiste aos stories são muito bem-vindos. Por exemplo: figurinhas de enquete, votação, perguntas, chat, mensagem, além dos recursos de mensagem direta pelo story (sem ser via figurinha) e de reações. Tudo isso dá muito certo!

Falei sobre você começar o dia fazendo enquetes com seu público. Fazer perguntas vai lhe gerar insights, e o conteúdo que produzir a partir disso pode estimular que as pessoas tirem dúvidas. Aproveite essas perguntas e, uma vez por semana, responda a elas publicamente em vídeo nos stories.

Outra coisa: quando você responde a questões feitas pela figurinha de perguntas, os usuários são notificados. Isso reforça a conexão entre sua marca e seus seguidores!

Quer mais uma dica de ouro?

Leve as pessoas dos stories para a DM. Por exemplo: faça um vídeo informando que os vinte primeiros que fizerem contato por DM vão receber um código promocional para o seu produto. Isso vai fazer com que o algoritmo identifique a interação e perceba a **proximidade** da sua marca com os seus seguidores.

Antes de encerrar esta parte, quero lhe contar uma regra que vai fazer você perder o medo de publicar o mesmo conteúdo em diversos lugares. O mesmo conteúdo em formatos diferentes, em plataformas diferentes, impactam pessoas diferentes.

Ou seja, não precisa ter medo de publicar o mesmo conteúdo no feed e nos stories, desde que estejam de acordo com os **formatos** de cada local.

Você pode notar: as pessoas que assistem aos stories da sua marca, muitas vezes, não são as mesmas que engajam com as suas publicações no feed.

O ponto aqui é: conteúdo pode se repetir. O formato, não.

Por isso, faça com que os conteúdos do feed e dos stories conversem.

Em resumo, o algoritmo quer que você seja relevante para um grupo de pessoas que tenha um interesse afinado – ou seja, não queira falar sobre tudo – e, principalmente, que as pessoas conversem em torno do seu conteúdo.

Se você não gera conversa no feed nem nos stories, o Instagram não vai mostrar a sua marca. Simples assim.

O Instagram não é para informar. O Instagram é para se relacionar. **A grande métrica é a conversa dos seus usuários.**

O PASSO A PASSO DO PLANEJAMENTO NO INSTAGRAM

Esta parte do livro é bem importante! Vou lhe mostrar, tim-tim por tim-tim, como construir um planejamento sólido e que faça você e sua marca conquistarem os objetivos.

Acredito que ela vai fazer a sua mente borbulhar de ideias. Por isso, use o espaço para anotações no fim deste capítulo para não se esquecer de nada!

Esse é um passo a passo para planejar tanto marcas pessoais quanto corporativas, e vai servir para você não ficar com dúvida do que postar no dia a dia.

É preciso ficar bem claro que o que realmente bomba no Instagram e nas redes sociais é ter agilidade para entrar em um movimento que está acontecendo no digital.

Se você consegue perceber essa sacada, terá bastante engajamento. Porque, dessa forma, você gera conteúdo muito contextualizado e aproxima a sua marca do público. Claro, sempre de acordo com a identidade da sua marca e os objetivos do seu negócio.

Quanto mais em *real-time* for a informação e mais casada ela estiver com o que está acontecendo no mundo, mais sua publicação vai bombar. Em suma, é saber que o planejamento tem de ser flexível se o factual puder ser aproveitado para atingir os resultados que você deseja.

Um exemplo muito legal que representa o factual dentro dos objetivos da marca foi dado pelo Hospital Moinhos de Vento, de Porto Alegre (RS), quando a Lady Gaga cancelou de última hora a vinda para o Rock in Rio 2017. A cantora anunciou que estava com uma forte crise de fibromialgia e, por isso, não viria mais ao Brasil. Pouco tempo após o anúncio, o hospital publicou o conteúdo de um médico explicando o que é a doença.

Sempre dá muito certo aproximarmos nossa expertise daquilo que está acontecendo.

O passo a passo que explico aqui e em todos os cursos que ministro é o mesmo que aplico quando começo um trabalho com um novo cliente.

Se você é um profissional das áreas de comunicação e marketing e está lendo o livro para atualizar seus conhecimentos sobre Instagram, é importante ter em mente que, ao conquistar um novo cliente, você precisa pedir um período para planejar. Não dá para firmar o contrato e sair publicando no dia seguinte.

Produzir conteúdo sem planejamento estratégico é trilhar o caminho do fracasso.

Vamos ao passo a passo.

1º PASSO: DEFINIR A BRAND PERSONA

Quem é você?

Qual é a sua história?

Como é a voz da sua marca?

Como quer ser percebido?

Por exemplo, quero que a minha empresa seja reconhecida como uma **marca querida**. Pesquisei e percebi que pessoas queridas não se comunicam dizendo "abraço", "abs" e "atenciosamente". Percebi que pessoas queridas falam "abração". Se você já recebeu mensagens minhas ou da Fabulosa Ideia, você certamente já recebeu um retorno em que escrevemos "abração".

Mas ser querido não é para todo mundo. E tudo bem se a escolha da abordagem for outra.

Outro ponto que você precisa considerar: sua marca é feminina ou masculina? Meninas dizem "obrigada"; meninos, "obrigado". A Magazine Luiza, por exemplo, possui uma identidade superforte. A persona de toda a comunicação é um avatar, a Lu do Magalu.

> **magazineluiza**
>
> Ei, moça!
> Finja que vai fazer
> compra no APP Magalu.
> Lá tem um botão
> para denunciar
> a violência
> contra a mulher

Pessoas se conectam com histórias e propósitos parecidos com os seus.

A persona da sua marca tem de estar muito alinhada com o comprador ou quem contrata você. Ninguém gasta dinheiro com empresas que possuam uma persona com posicionamentos totalmente diferentes dos seus.

Você se lembra dos tempos de escola? Havia várias "tribos": os funkeiros, os rockeiros, os boleiros, os pagodeiros, e por aí vai... As pessoas gostam de andar em grupos. Você precisa conhecer o seu.

Por exemplo, a "tribo" que consome meus conteúdos é composta por empresários de grandes corporações, comunicadores, profissionais autônomos e donos do próprio negócio. Isso tem tudo a ver comigo: sou comunicador, dono do meu próprio negócio e com contato direto com grandes corporações.

Um comentário focado em pessoa física, marca pessoal: não existe nada mais poderoso do que uma **pessoa virar uma marca.** Eu, por exemplo, sou CEO da Fabulosa Ideia e trabalho minha marca pessoal, que cria muito mais engajamento nas redes sociais do que a minha empresa.

Isso porque pessoas gostam de se conectar com pessoas. E não está errado.

Se você gerencia ou representa uma empresa, é importante que invista em sua marca pessoal no Instagram. Costumo dizer que **você é o que você publica.**

Escrever tudo o que pensa não o torna uma pessoa autêntica, e sim uma pessoa descontrolada. Não é porque temos liberdade de expressão que você vai criticar crenças religiosas e preferências políticas e ideológicas diferentes das suas, ou, pior ainda, atacar deliberadamente outras pessoas e empresas com discursos de ódio. Além de eventualmente você ser alvo de processos judiciais, também pode acabar afastando potenciais clientes.

Devemos exaltar as características que queremos passar para o público.

Outro ponto é que é preciso ter cuidado: não se pode vender uma falsa imagem. Por muito tempo trabalhei com uma marca de potes chamada Sanremo, e nós seguíamos uma série de influenciadoras *personal organizers*. Era impressionante: acontecia de haver meninas dando dicas de organização pessoal, quando, ao fundo, se via o ambiente totalmente desarrumado.

Então, de novo, é preciso exaltar qualidades que façam as pessoas perceberem que são qualidades reais.

Por que você acha que muitos *coaches* e empreendedores fazem live às 6 horas da manhã? Porque querem mostrar uma imagem de que, para empreender e ter sucesso nos negócios, é preciso acordar cedo. Não estou trazendo esse exemplo de forma pejorativa, é apenas para mostrar que a ação desses profissionais transmite uma mensagem clara alinhada com os objetivos de cada um. **Eles exaltam suas qualidades sem precisar falar que são dedicados.**

Pessoas que postam fotos todos os dias na academia, ou lendo livros diariamente, também fazem o mesmo sem precisar falar sobre suas próprias qualidades.

Planejamento deve ser ético, real e estratégico.

Os quatro componentes da persona de uma marca são:

1. **História**: por que você faz o que faz? O que o fez chegar até aqui?

Posso lhe dar mais uma dica de leitura? E ainda darei outras, ok? Prometo que todas vão lhe agregar muito valor, e você não vai se arrepender dessas leituras!

Oportunamente, leia *A jornada do herói*, do antropólogo Joseph Campbell. Você vai perceber que todos os filmes, séries e novelas seguem a lógica do que o autor explica.

De modo resumido, a jornada do herói é composta por:

- Um fator que inicia a trajetória do "herói";
- Aprendizado (da pessoa ou da marca);
- Adversidades;
- Superação de problemas para alcançar a prosperidade.

Você se lembra da novela *A Dona do Pedaço*, transmitida pela Globo, que tinha a personagem Maria da Paz (interpretada por Juliana Paes)? Ela começou de baixo, montou sua própria empresa, cresceu, foi derrubada pelos concorrentes e se reergueu.

É isso que gera engajamento. Comece a reparar que a maioria das produções segue essa fórmula.

A história serve tanto para marcas pessoais quanto para marcas corporativas.

Use a linguagem nativa do Instagram para contar sua história, como, por exemplo, #tbt (forma reduzida de *throwback Thursday*), que é uma hashtag usada nas quintas-feiras para relembrar o passado. Aproveite de modo recorrente a #tbt para contar pontos importantes da sua história.

Até porque, hoje, você pode ter 10 mil seguidores, e daqui a seis meses, estar com 25 mil. Quinze mil seguidores podem não saber sobre o fato que você contou seis meses antes de eles começarem a seguir a sua conta no Instagram. Faça recortes com fotos e registros que mostrem os melhores momentos da sua história.

2. **Falhas**: outro fator importante que gera engajamento é compartilhar as falhas da marca. Isso acontece porque o fake e a perfeição estão saturados.

As pessoas querem se relacionar com o que é real. Falhar faz parte da vida e está tudo bem. Preferimos seguir marcas que falharam a acompanhar negócios que se vendem como perfeitos. Isso porque os seguidores ficam sabendo quais foram as atitudes das empresas diante dos erros.

O que eu quero dizer é: se algum dia você fizer uma publicação e alguém apontar algum erro nela, agradeça pela informação. Corrija o que precisar e siga em frente. **Apagar o erro é a pior coisa.**

Quanto mais reais forem as fotos, mais vai funcionar. Não adianta usar banco de imagens. As pessoas associam as fotos desses bancos a algo falso. Isso não gera credibilidade.

3. **Personalidade**: em quais movimentos você vai entrar? E em quais não vai?

Se sua marca é engajada em prol da preservação do meio ambiente, é preciso reforçar essa causa. Personalidade tem a ver com as suas causas e os seus valores.

A Natura, por exemplo, é uma marca que vende sabonete, perfume, mas frequentemente se posiciona no Instagram em questões relativas a meio ambiente em nível mundial. Quando houve a crise das queimadas na Austrália, no começo de 2020, ela fez um vídeo sobre como as pessoas poderiam ajudar.

Você pode se posicionar sobre tudo que não vá ferir o outro. Se você não tem empatia pelo próximo, sua marca é descontrolada.

Outro cuidado para não enfraquecer a personalidade da sua marca: existem datas para celebrar tudo. Não seja uma marca que parabeniza tudo por qualquer data. Escolha sobre o que você vai se posicionar. Não seja, como costumo dizer, uma "marca ovelhinha": aquela que não tem personalidade e cujos feed não passam de um amontoado de "parabéns" e de frases que nem são dela!

4. **Propósito**: é o interesse além do interesse econômico. O que a sua marca está deixando para o mundo? Qual é o seu legado?

Não esqueça: o Instagram é para contar histórias. É possível agregar histórias para vender produtos.

Existe uma marca muito legal chamada Insecta Shoes **(@insectashoes)**, que se posiciona sobre diversos assuntos. O Instagram deles não é só venda de produtos. Fica a dica de referência!

```
insectashoes

5.466        216 mil      988
Publicações  Seguidores   Seguindo

Insecta Shoes - Brasil
Loja de calçados
🌱 Calce Uma Causa

🌳 ecológico
👫 unissex
🌱 vegano

🌐 for worldwide 📷 @insectashoesworld

Compre online 👇
www.insectashoes.com
Rua dos Pinheiros 342, São Paulo, Brazil
```

Quero lhe perguntar uma coisa: você se lembra dos seus bisavós? Costumo fazer essa pergunta em minhas palestras, e 95% das pessoas afirmam não se lembrar deles. Isso acontece por dois motivos. O primeiro é mais óbvio: porque não conviveram com eles. O segundo é porque eles não tiveram fatos marcantes na história que fossem passados adiante.

Não conheci nenhum dos meus bisavós, mas a história do avô da minha mãe sempre foi tema de conversa entre a família. Ele era conhecido como o "louco do ouro", porque saía por aí catando ouro. Sei sobre ele porque a história foi **impactante**.

No mundo dos negócios também é assim: nós nos lembramos de pessoas e marcas que contam boas histórias. A sua marca precisa ser contadora de histórias. Instagram é lugar de foto e de vídeo, mas o que conecta as pessoas é uma boa história. É o que gera o chamado **recall de marca**, que detalharei mais adiante.

2º PASSO: DEFINIR A BUYER PERSONA

É o seu público-alvo, quem compra de você, com quem a nossa brand persona se comunica.

Não cometa este erro: buyer persona não é quem lhe dá like. **Buyer persona é quem sustenta o seu negócio.**

Como encontrar a sua buyer persona?

Faça uma lista de trinta pessoas que já compraram sua marca ou que são seus maiores clientes e as *stalkeie*. Futrique a vida delas para entender o comportamento e saber como se relacionar com elas.

Assim, você tem de considerar quatro aspectos importantes:

1. **Como conversar com a buyer persona**: que conteúdo elas publicam e compartilham no Instagram e nas demais redes sociais?

Entender o que elas compartilham faz todo sentido para você posicionar sua marca de modo que gere proximidade com as buyers personas.

Quero contar o caso de um cliente da Fabulosa Ideia para tornar ainda mais prática esta parte do conteúdo. A Fabulosa Ideia atendeu por muito tempo o Hugo Beauty, uma rede de salões de beleza em Porto Alegre.

Fizemos um estudo no começo do trabalho e descobrimos que o que as mulheres frequentadoras do Hugo Beauty mais compartilham nas redes sociais são conteúdos relacionados a viagens. As mulheres clientes amam viajar!

Naquela época, era o ano de 2015, trabalhávamos o "roteiro da beleza", em que contávamos sobre eventos de moda e estética que ocorrem pelo mundo.

Você consegue perceber como é importante encontrar um meio-termo que una a expertise da sua marca ao contexto do consumidor?

2. **Características únicas dos principais clientes**: outra ação muito importante é pesquisar no Facebook desses trinta clientes os cargos que ocupam e outras informações pessoais que sejam relevantes para os seus objetivos. Você pode descobrir a data de nascimento deles para fazer uma ação especial no aniversário de cada um, por exemplo.

    Essa é uma ação que tem relação direta com anúncios, mas já fica aqui o pequeno *spoiler* do que você vai ler no Capítulo 3.

3. **Identificar os influenciadores seguidos pelos clientes**: um terceiro ponto importante é saber quais influenciadores os trinta clientes seguem nas redes sociais. É assim que você vai descobrir influenciadores que podem ser relevantes para você contratar.

4. **Identificar até quatro perfis de buyer persona**: a marca não vende apenas para um tipo de pessoa. No meu caso, possuo três buyers personas, que são:

- Profissionais da comunicação;
- Empresárias e empresários;
- Profissionais liberais.

Se você, leitor, não for um desses perfis, conte-me lá no **@terradorafael** porque quero conhecê-lo melhor! Porque pode acontecer de eu identificar uma quarta buyer persona dos meus produtos, não é mesmo?

Quando você conhece suas principais buyers personas, você consegue elaborar conteúdos direcionados para cada um dos perfis.

Mais um exemplo prático que vivenciei: uma aluna minha que vende cupcakes. Ela identificou que 60% das compradoras de cupcakes são professoras.

Encontrou a mina de ouro!

As professoras normalmente compram grande quantidade de cupcakes para festas nas escolas. Então, se a aluna anunciar seu produto particularmente para professoras, terá muito mais resultados do que anunciar sem foco, tentando descobrir novos públicos.

Você que está prestes a empreender pode estar se perguntando: mas e eu que ainda não tenho clientes para poder conhecer o perfil... Como fico?

Vamos agora tratar sobre o seu caso!

Você precisa se guiar pelo que chamamos de **cliente perfeito**.

O cliente perfeito é imaginário. Por exemplo: você inicia um e-commerce de vinhos e acredita que o público que mais vai comprar seu produto seja composto por homens de 45 a 55 anos, empresários, advogados e médicos. Então, você vai começar produzindo conteúdo e rodando anúncios direcionados a esse perfil. Desse modo, você vai aprender **na prática** se sua análise de mercado estava correta ou não.

Se funcionar, perfeito! Se não funcionar, vai precisar seguir testando, ou verificar no dia a dia (também na prática) o perfil das pessoas que estão comprando organicamente ou pelos anúncios, mas que não estão de acordo com o perfil que você pensou.

3º PASSO: DEFINIR OS OBJETIVOS NO INSTAGRAM

Só é possível medir algo se objetivos claros forem definidos.

Vamos ver agora os cinco principais objetivos no Instagram e qual é o caminho para você alcançar cada um deles.

Lembrando que nada é definitivo nem limitado. Você pode começar tendo um objetivo e, futuramente, expandir para cinco. Ou, então, começar com dois objetivos logo de cara. Cada marca tem a sua própria realidade. E cada objetivo, suas próprias estratégias.

1º objetivo: engajamento

Deve ser o objetivo de todas as marcas, na verdade.

Crie publicações que estimulem a interação. As pessoas precisam se relacionar com a sua marca para que você consiga convertê-las em clientes.

Foque em publicações que façam perguntas ao público. Peça a opinião das pessoas. Estimule que os usuários marquem outras pessoas em suas publicações.

Também faça publicações comparativas para que as pessoas votem em suas favoritas (principalmente se você é de um ramo bem visual, como moda e fotografia). Receba feedback das pessoas.

O ser humano gosta de dar opinião! Ainda dizem que o povo brasileiro é o que mais aprecia opinar; pelo que vejo na prática, é bem assim mesmo!

Ainda que seu objetivo sejam vendas, você precisa gerar engajamento! Se você gera engajamento, quando publicar um conteúdo de venda, o algoritmo vai perceber que a sua conta recebe muita interação, o algoritmo já vai estar "aquecido". Assim, seu conteúdo de venda tende a ir mais longe.

2º objetivo: branding

Branding é reputação de marca. É a visão que você quer que seu público tenha sobre a sua marca. Para isso, aposte em um grande apelo estético ou um storytelling único. Se mesclar ambos, melhor!

É um objetivo com forte apelo estético.

Veja, por exemplo, a conta da companhia aérea KLM **(@klm)**.

O grid tem a mesma linguagem e usa tons azuis. A cor azul transmite confiança, calma, e possui grande aceitação das pessoas. Tudo isso fortalece a identidade quando executada de modo consistente.

Uma rápida observação sobre a psicologia das cores. O sociólogo Phillip Cohen, da Universidade de Maryland, conduziu uma pesquisa com aproximadamente 2 mil homens e mulheres. A pergunta foi simples: qual é a sua cor favorita?[1]

O azul foi apontado como a cor favorita para 42% dos homens, e 29% das mulheres. O azul é consenso para ambos os sexos.

Você já reparou que diversas grandes empresas, como Facebook, LinkedIn e a própria KLM, utilizam o azul em suas marcas?

---

[1] Psicologia das cores: guia com estudo e significado das cores no marketing e no dia a dia, *Neilpatel.com*, 2020. Disponível em: https://neilpatel.com/br/blog/psicologia-das-cores-como-usar-cores-para-aumentar-sua-taxa-de-conversao/. Acesso em: 28 ago. 2020.

INSTAGRAM MARKETING

Outra marca com forte identidade e preocupação estética é o Nubank (**@nubank**). No caso, os tons de roxo são associados a algo de valor, ao cuidado, ao respeito e à sabedoria. Tudo a ver com a imagem de inovação e facilidades que o Nubank deseja transmitir aos clientes, não é verdade?

CAPÍTULO 1 • ESTRATÉGIA NO INSTAGRAM

Também interessante é o case do QuintoAndar (**@quintoandar**), com forte apelo estético. Mais um que trabalha marcadamente com azul!

Ah, e não precisa sempre usar o logotipo nas publicações porque o branding é muito forte. Reparou como o uso do logotipo é reduzido nas contas que mencionei? As pessoas reconhecem a marca somente pelo visual das postagens!

Se as marcas optassem por incluir seus logotipos em todas as publicações, passariam a ter um viés muito mais publicitário do que de conteúdo com grande apelo estético.

CAPÍTULO 1 ◆ ESTRATÉGIA NO INSTAGRAM

Um exemplo que eu adoro de storytelling único é o da marca Daniel Wellington **(@danielwellington)**, que vende relógios e joias. O foco principal é mostrar os relógios pelo mundo. Tanto que eles compartilham fotos de consumidores usando os relógios, postadas com a hashtag #DanielWellington, as quais eles divulgam com #DWPickoftheDay. Exemplo prático de engajamento e branding!

Essa abordagem do relógio viajando também foi escolhida, provavelmente, a partir do estudo que mencionei anteriormente e da percepção de que o público gosta de viajar. Sigo a marca e me sinto olhando um roteiro de viagem. Fico feliz com isso porque eu, de fato, amo viajar!

Outra marca com storytelling muito forte é o Starbucks. Em geral, as publicações são de uma bebida da marca com um fundo que muda entre uma foto e outra. O produto é central na história.

Estou citando empresas grandes porque são negócios preocupados sobretudo com a diferenciação da marca no mercado, e não necessariamente em vender pelo Instagram. Mas isso não significa que pequenos negócios não possam ter branding como objetivo.

3º objetivo: posicionamento

Ocupar o Instagram para que as marcas possam mostrar o que pensam. Contar suas histórias e seus propósitos.

Meus objetivos pessoais, por exemplo, são uma mescla de engajamento e posicionamento. Faço conteúdos para as pessoas se engajarem, compartilharem, e também me posiciono sobre tudo o que é novidade no mercado de comunicação e marketing digital.

Lembre-se de que não é possível agradar a todo mundo. Quem opta pelo posicionamento não vai ficar em cima do muro a respeito de questões que tenham ligação direta com seus propósitos.

Somos o que compartilhamos, como escreve um colega meu de ESPM em São Paulo, o Gil Giardelli, em seu livro *Você é o que você compartilha: E-agora: como aproveitar as oportunidades de vida e trabalho na sociedade em rede*. Trago esse exemplo do Gil porque a realidade é essa. Então, é preciso ter cuidado com o que você vai compartilhar de outras pessoas ou empresas.

Pense assim: essa publicação pode interferir de forma positiva ou negativa nos meus objetivos?

Se a resposta for positiva, vá em frente e compartilhe! Senão, é melhor não compartilhar.

Posicionamento gera muito engajamento, mas cuidado para não fechar portas!

4º objetivo: vendas

Mostre os benefícios do produto ou serviço. Foque em publicar depoimentos de clientes.

Você precisa enxergar cada publicação como uma miniatura de e-commerce! A grande maioria das pessoas não acessa publicações individuais ao entrar nos perfis de marcas. Ela se informa diretamente pelo feed. Ou seja, cada publicação precisa ter a informação completa.

Veja seis dicas matadoras para vender mais pelo Instagram:

1. **Pare de esconder o preço!**

Se a pessoa não vê o preço, ela não se conecta com o produto ou serviço. Aliás, vender pelas redes sociais sem colocar preço é crime e pode dar até prisão, pois as regras do Código de Defesa do Consumidor valem também para canais digitais.

Às vezes, a percepção que você tem de uma marca, ou da arquitetura dela, afasta você quando não se tem preço.

Se você trabalha com produto caro, como imóveis, foque em atributos. Por exemplo: facilidades de entrada, valor das parcelas etc. Se mesmo assim você ouvir as pessoas falando que é muito caro, não se abale! É porque realmente essas pessoas não são o seu público-alvo. O preço nivela e, com frequência, faz você poupar tempo.

2. **Aproxime a oferta do seu cliente**

Se a sua loja é em Porto Alegre, seu conteúdo precisa dizer que o estabelecimento está localizado na rua X, no bairro Y.

Se você tem um e-commerce, destaque a informação de que o frete é grátis para determinada região do Brasil. Isso gera **proximidade** com o cliente.

3. **Mostre como você melhora a vida do cliente**

Trabalhe a transformação que seu produto ou serviço vão gerar na vida de quem compra de você. Foque nos benefícios e nas múltiplas utilidades!

Por exemplo, se você trabalha com roupa, pode mostrar a mesma peça compondo três looks diferentes. Pense como se o conteúdo fosse uma vitrine!

4. **Gere senso de urgência**

Informe até quando vai a oferta. Lembre-se dos gatilhos mentais! Sempre com ética, obviamente.

5. **Foque em conteúdo e relacionamento**

Não transforme seu Instagram num catálogo de produtos. Falaremos sobre a possibilidade de seu Instagram ser um catálogo no capítulo dedicado a anúncios. Mas, desde já, saiba que seu perfil não pode ser um catálogo ambulante organicamente!

6. **Mostre seu contato**

Lembre que a grande maioria das pessoas vai ver a sua marca apenas no feed! Então, a forma de contato tem de estar já no post de venda.

Uma dica rápida sobre levar a pessoa do seu post para o seu perfil: quando precisar usar o recurso de informar que o link está na bio, não escreva apenas "Link na bio". Acrescente o seu @ nessa frase.

No meu caso, uso **link na bio @terradorafael**, porque o meu @ já vai gerar um link clicável que leva para o meu perfil. Isso facilita muito o trabalho dos seus seguidores!

Quando o assunto é venda, quanto menos cliques as pessoas precisarem fazer para consolidar a compra, é maior a garantia de que você não deixará de converter!

5º objetivo: shares

O melhor conteúdo é o produzido pelo seu cliente! Esse objetivo é muito ligado ao que falamos sobre construção de autoridade.

Uma ação interessante é o InstaMission: dar uma missão aos usuários por meio de uma hashtag. Por exemplo: você pode realizar um concurso cultural em cima de uma # da sua marca, escolhendo a foto mais criativa para ganhar o prêmio.

Também sempre brinco que as pessoas amam uma parede pintada com asas para tirar foto. Se você tem uma sede física, pense em **ambientes instagramáveis** que estimulem as pessoas a tirarem fotos e publicarem no Instagram. Sempre deixe bem claro qual hashtag usar, qual o seu usuário, e peça também que elas marquem a geolocalização.

Dê motivo para as pessoas falarem da sua marca!

Sorteios também são uma forma de as pessoas falarem da sua empresa.

Outra ação essencial que você deve fazer é treinar sua equipe de atendimento para que eles convidem os usuários a publicarem conteúdo sobre sua marca. Se você é do ramo de moda, por exemplo, qualifique os atendentes para que eles estimulem os clientes a compartilharem fotos enquanto estão experimentando looks na sua loja.

E se você está gostando deste livro, tire uma foto do seu momento de leitura e me marque no Instagram **@terradorafael** – vou adorar saber que você está curtindo e vou poder conhecê-lo melhor!

4º PASSO: CONHECER A SUA CONCORRÊNCIA

Stalkeie – para o bem – a sua concorrência. Entenda como seus concorrentes estão posicionados e use essas informações para criar um grande diferencial para a sua marca!

Veja bem, não é para copiar, e sim para se diferenciar!

Analise o tipo de conteúdo que eles publicam e os posts que mais geraram engajamento. Veja algumas ferramentas que podem ajudá-lo nesse trabalho:

- **Iconosquare (www.iconosquare.com)** – mostra os posts com maior engajamento;
- **Zeeng (www.zeeng.com.br)** – possibilita que você mapeie basicamente tudo sobre o seu concorrente: horários em que costuma publicar, o que gera mais engajamento, número de seguidores (inclusive falsos) etc.

A partir de toda essa inteligência, pegue o que dá certo para a concorrência e use como inspiração (de novo, não é para copiar!). Além disso, identifique o que seus concorrentes ainda não estão fazendo e construa sua autoridade nas oportunidades que eles estão deixando de aproveitar.

5º PASSO: DEFINIR EDITORIAS DE CONTEÚDO

Já aconteceu de você estar olhando para o Instagram sem saber o que postar? Definir editorias de conteúdo serve justamente para evitar isso.

Ter editorias de conteúdo bem definidas norteia o que você vai publicar diariamente. Você vai postar o que estiver no seu planejamento!

Agora você vai começar a ver como se tornar relevante para o seu público. Anote no fim deste capítulo um lembrete: ler a obra *A única coisa: o foco pode trazer resultados extraordinários para sua vida*. Esse livro é um *best-seller* dos empresários Gary Keller e Jay Papasan.

Não estou ganhando nada para divulgar esse livro, nem os outros que recomendo aqui. Mas sério, leiam esse. Basicamente, mostra que temos **melhores resultados** quando fazemos uma única coisa do que quando fazemos várias coisas menores em nossa rotina.

Veja bem: até aqui, você já aprendeu como definir sua brand persona, estudar sua buyer persona e analisar os concorrentes.

A minha proposta com as editorias de conteúdo é que você defina o "guarda-chuva" do que vai publicar a cada dia. O guarda-chuva é a editoria.

Por exemplo:

Segunda-feira:
FRASE DO SEU POSICIONAMENTO NO MERCADO.

Terça-feira:
CARROSSEL COM CONTEÚDO COMPARTILHÁVEL E SALVÁVEL.

Quarta-feira:
VÍDEO NO FEED.

Quinta-feira: LIVE.

Sexta-feira:
CONTEÚDO MAIS LEVE.

Sábado:
FRASE QUE INSPIRA.

Domingo:
FRASE QUE INSPIRA.

Esses tópicos são as editorias, que norteiam o que você vai publicar. Ao chegar na quarta-feira, por exemplo, você sabe que é dia de publicar vídeo! Isso vai facilitar que a sua marca se torne consistente no Instagram porque fica fácil replicar!

Muitas empresas não conseguem ser consistentes porque não publicam diariamente, nem têm editorias bem definidas. Então só decidem no próprio dia o que vão publicar, sem qualquer planejamento.

Pense como um jornal com cadernos diários. Não sei qual é o de maior circulação na sua região, mas vou usar como exemplo o gaúcho *Zero Hora*. Na segunda-feira, ele publica o caderno "Viagem". Na terça, "Vestibular". Na quarta, "Agronegócios". No domingo, "Comportamento". Ou seja, os temas estão bem definidos, o que varia dentro desses temas são os conteúdos relacionados às editorias.

Entendeu?

Depois de definir suas editorias, você vai se nortear por elas e produzir conteúdo. Produza conteúdo com antecedência para agendar com tranquilidade e poder focar em gerenciar o relacionamento da marca.

Adoro produzir meu conteúdo aos domingos bem acompanhado por um café enquanto leio informações sobre o meu nicho de mercado. Essas são minhas fontes de inspiração. É quando faço o conteúdo para toda a semana e envio para o meu designer produzir a parte visual. Depois que recebo os cards, agendo os posts. Atualmente, uso o mLabs (www.mlabs.com.br) para agendar.

Não precisamos ser escravos do nosso conteúdo! Pelo contrário, temos de perceber as redes sociais como investimentos financeiros. **Elas precisam trabalhar para nós, e não o contrário.**

6º PASSO: DEFINIR O DESIGN DE CONTEÚDO

Histórias impactam mais que formatos. A verdade é essa.

Mas isso não significa que não deva haver um cuidado estético. O cuidado é importante, mas não deve impedir você de começar a trabalhar no Instagram.

Não existe feed perfeito. Vimos a KLM e o Nubank anteriormente, sabemos como é bonito um feed harmonioso quando se tem como principal objetivo o branding, mas lembre-se de que, junto da padronização estética, há muito conteúdo de valor para os usuários.

Então, sim, a estética é importante, é preciso trabalhá-la, mas não deixe que isso o impeça de produzir. Nunca esqueça que seu conteúdo será visto majoritariamente no feed, então é na rolagem do feed que seu conteúdo precisa prender a atenção das pessoas.

Não sabe fotografar profissionalmente? Indico muito que você contrate um **instagrammer**, um(a) fotógrafo(a) com olhar para o Instagram. Fuja de profissionais da fotografia que querem fazer tudo em estúdio.

Hoje, as coisas que mais funcionam são a poesia da foto, o local onde a foto está inserida. A vibe do Instagram não é de foto de produto como se fosse para um catálogo!

Meu exemplo pessoal: 90% dos meus conteúdos têm a minha foto, porque o meu objetivo é que as pessoas vejam, salvem e compartilhem meus conteúdos; que estejam me vendo. Meu foco é humanizar marcas. Portanto, eu não poderia deixar de mostrar minha imagem ao trabalhar minha marca pessoal.

Se você trabalha com produto, contrate instagrammers que insiram seus produtos em contextos humanizados. Uma boa referência é o Starbucks, que citei anteriormente.

O design de conteúdo deve conversar com o Manual de Identidade Visual (MIV) da sua marca para manter unidade.

7º PASSO: PUBLICAR NOS MELHORES HORÁRIOS

Já falei anteriormente, mas resumo de novo: o melhor horário de todos é às 21 horas, seguido do horário das 12 horas e das 7 horas. Depois de iniciar o crescimento da sua base de seguidores, verifique frequentemente o horário em que seus seguidores assíduos ficam mais conectados.

8º PASSO: INTEGRAR ONLINE E OFFLINE

Esta dica vale, principalmente, para quem tem sede física. Pense nos espaços para que eles rendam compartilhamento. Adesive sua loja dando destaque para o @ da sua marca no Instagram.

Use em seu cartão de visitas um QR Code com link para sua conta no Instagram. Parece antiquado, mas a verdade é que o QR Code está em alta porque a TV começou a utilizá-lo.

9º PASSO: INVESTIR EM ANÚNCIOS

Aqui é um *spoiler* para reforçar. Você vai precisar de um dinheiro mensal para investir. Não tem escapatória.

Investir em anúncios é tão importante que este livro tem um capítulo exclusivo para tratar deles. Se você une uma boa estratégia + bom conteúdo + bons anúncios, vai crescer rapidamente!

10º PASSO: PREPARAR-SE PARA USAR O INSTAGRAM COMO SAC

Você quer conseguir clientes. Então, é essencial ter preparo adequado para atendê-los!

Muitas pessoas vão começar a fazer perguntas por mensagem, comentários e entrando em contato pelas suas outras frentes. Portanto, você vai precisar de um SAC, ou pelo menos uma pessoa dedicada ao atendimento.

Aos poucos, você vai começar a mapear as principais dúvidas que as pessoas têm. Isso vai servir de subsídio para produzir conteúdo, inclusive stories fixos, para agilizar as respostas para os clientes.

11º PASSO: DEFINIR MÉTRICAS

Outro *spoiler* rápido, porque no Capítulo 4 falaremos exclusivamente sobre métricas.

12º PASSO: SABER QUE O VIRAL COMEÇA EM CASA

Vejo muitas empresas que contratam agências para cuidar das redes sociais, mas os próprios gestores não comunicam seus sócios e seus funcionários sobre a profissionalização da presença digital. Todo engajamento dentro da sua empresa é fundamental, nem que seja pelo menos a curtida.

O viral começa em casa.

Recomendo que você assista ao vídeo **O primeiro seguidor**, no YouTube. O movimento começa com alguém que chancela esse movimento. O primeiro seguidor é quem está perto de você!

ESTRATÉGIA PARA BIO E STORIES FIXOS VENDEDORES

Cuide bem do jardim que as borboletas vêm, já dizia Mario Quintana. Costumo dizer que as borboletas querem jardins exclusivos.

O que é isso?

Quando se gera conteúdo, e principalmente quando se investe em anúncios, um monte de gente que não conhece a sua marca vai chegar ao seu perfil e se deparar com a bio, os nossos stories fixos e as postagens mais recentes.

É essa junção que vai lhe render um novo seguidor.

Vamos ver como cuidar do jardim para que as borboletas venham ao Instagram da sua marca.

1º PASSO: CUIDAR DA BIO

Uma bio que enche os olhos das pessoas tem o conteúdo trabalhado em uma lista com quatro itens.

Por quê?

Porque facilita a leitura de quem chega ao perfil. Você se lembra da leitura escaneada? Nosso cérebro reage melhor a listas.

Por isso, use emojis no início de cada tópico, de modo que reflitam o que está escrito no item. Escolha distintivos que ressaltem qualidades verdadeiras alinhadas aos seus objetivos.

> **terradorafael**
>
> 2.283 Publicações   27,3 mil Seguidores   557 Seguindo
>
> **Rafael Terra PRESENÇA DIGITAL**
> Empreendedor(a)
> 🏆 15 anos de resultados no Digital
> 🏆 + 350 palestras em 18 Estados
> 🎖 "Referência no Brasil em MKT Digital" Sebrae
> **EVENTO SOCIAL MEDIA SUNDAYS** ⚡
> www.socialmediasundays.rafaelterra.com.br/
>
> Seguindo ⌄   Mensagem   Contato   ⌄
>
> FrasesdoRa... CURSO ON... GRATUITO InstaparaN... CursoA...

Distintivos são frases que o posicionam e o diferenciam no mercado. Escolha atributos pessoais e/ou históricos da sua marca que impactem sua buyer persona.

Os itens que escolhi como distintivos na minha marca pessoal servem para mostrar à minha audiência que:

- Eu não sou iniciante no mercado;
- Eu não sou um palestrante inexperiente;
- Eu não atuo apenas no Rio Grande do Sul;
- Uma instituição respeitada como o Sebrae chancela meu trabalho.

Tenho um amigo que é fotógrafo. Há quatro anos, ele foi premiado pelo próprio Instagram. Apesar de não ser a premiação mais recente, ele acertadamente destaca isso em bio por se tratar de uma distinção incrível!

Digo isso para você saber que não importa a data em que você conquistou alguma coisa importante. Se ela for relevante para fortalecer a sua marca e chamar atenção da sua buyer persona, use-a em sua bio.

Outro distintivo importante de ser abordado é uma **promessa** que a sua marca pode cumprir. Por muito tempo, utilizei em minha bio uma frase bem destacada: a de que publico conteúdo todos os dias. Desse modo, a pessoa não precisa rolar pelo meu perfil para ver a frequência com que publico. Eu já entrego de cara a informação para ela decidir se quer receber conteúdo relevante sobre Instagram e marketing digital diariamente.

Pense em promessas que diferenciem sua marca e que você possa assegurar aos seguidores que serão cumpridas.

A bio também pode exibir pelo menos uma forma de contato. Quem trabalha com WhatsApp pode usar uma ferramenta chamada Suiteshare (www.suiteshare.com), que transforma um número de WhatsApp em um link.

As pessoas clicam no link e já vão direto para uma conversa com a sua marca no WhatsApp. Além disso, o Suiteshare gera uma série de métricas importantes para você ficar por dentro dos resultados gerados pelo link, como quantas pessoas acessam o link, quantas responderam etc.

Um exemplo prático: se você é uma marca pessoal ou empresarial da área de saúde, pode usar o Suiteshare na bio para convidar as pessoas a marcarem uma consulta rapidamente, com um clique. Assim, você transforma pessoas do seu Instagram em **lead** – um *prospect* para ser trabalhado a longo prazo.

Por fim, mas não menos importante, há a última frase da sua bio. Ela precisa estar alinhada com o link que você usa, pois ele vem logo a seguir. Veja que, na print do meu perfil, a frase é "Evento Social Media Sundays", e abaixo está o link para o evento online que, à época, eu estava divulgando. Inclusive, uso um emoji de mão apontando para baixo.

Se você precisa divulgar mais de uma informação relevante para a sua buyer persona, recomendo que use o Linktree (https://linktr.ee), que gera um link único em que você pode organizar vários links numa mesma página. Por exemplo: imagine que você tenha vários links relevantes de seus produtos para chamar no seu Instagram. Com o Linktree, você pode agrupar todos esses links num mesmo link. Assim, em uma única página, você pode exibir links para o seu site, seu WhatsApp, seu canal no YouTube, suas outras redes sociais etc.

Outra dica: veja que, no meu perfil, utilizo **Rafael Terra PRESENÇA DIGITAL**.

Adiciono "presença digital" por trabalhar prestando consultoria para diversas empresas, sobre como elas devem construir uma estratégia digital e se posicionar nas redes sociais. Então, essas duas palavras resumem a minha atuação, informando aos usuários o que eles vão encontrar no meu perfil.

Atrele o seu nome àquilo que você vende ou faz. Essa também é uma forma de ranquear bem no Google quando alguém pesquisar o seu nome ou o nome da sua marca.

> **Resumo:**
> - **Nome com palavra que resuma seu posicionamento**
> - **Listas**
> - **Distintivos:** frases matadoras que geram impacto e promessa relevante
> - **Contato**
> - **Última frase alinhada com o link**
> - **Link**

2º PASSO: CUIDAR DOS STORIES FIXOS

Costumo dizer que os stories fixos podem funcionar como um *hotsite*. Isso porque cada "bolinha" fixada pode agregar **até cem stories**. Infelizmente, ainda não é possível ordenar manualmente os stories fixos: o app sempre deixa em primeiro aquele que foi atualizado recentemente. Então, o primeiro story que você adicionar vai ficar por último, o segundo vai ficar em penúltimo, e assim por diante.

Você pode inserir capas, mesmo que a imagem pretendida não esteja nos stories. Isso é bem legal para compor o visual!

Use os stories fixos para criar algumas editorias como:

- **Quem é você / sua marca?** Use esse espaço para contar melhor quem é você, aprofunde o conteúdo iniciado pela lista da bio;
- **Conteúdo com dicas:** pense em algo "maratonável" com grande potencial de engajamento;

- **Depoimentos**: você é o que as pessoas falam sobre você. Se já possui depoimentos, aproveite esse espaço nobre para destacá-los! Se ainda não tem, foque em resultados que chancelem a sua marca;
- **Loja / E-commerce / Serviços**: mais uma oportunidade para levar os usuários ao seu fluxo de vendas. Para quem tem mais de 10 mil seguidores, é habilitado o recurso arraste para cima, que permite disponibilizar link nos stories. Desse modo, insira um produto por story já com o respectivo link para o seu e-commerce. Se você não tem e-commerce, pode inserir seus serviços, mostrando tudo o que você faz;
- **Categorias**: se sua empresa é muito grande, trabalhe com categorias. O Boticário, por exemplo, trabalha com stories fixos sem a necessidade de se apresentar, usando essa área subdividida por cabelos, maquiagem, revendedoras etc.

3º PASSO: SER ESTRATÉGICO EM TODOS OS POSTS

Você e sua marca são os seus posts, especialmente os nove mais recentes!

A pessoa que acabou de chegar ao seu perfil vai ver, no máximo, os seus nove últimos posts. Você precisa se preocupar sempre com cada publicação, principalmente quando está rodando uma campanha de anúncios que vai gerar tráfego de pessoas que ainda não conhecem sua marca. Seja ainda mais estratégico nesse período de campanha!

Não esqueça: você é o que você compartilha.

4º PASSO: TENTE VERIFICAR SUA CONTA

Para finalizar, é importante falarmos sobre contas verificadas. Foi-se o tempo em que somente grandes contas poderiam ser verificadas. Hoje, você também tem essa chance!

Veja o caminho para solicitar a verificação: ... > Configurações > Conta > Solicitar verificação.

Aí haverá duas opções: se você é uma empresa, o Instagram vai lhe pedir que envie um documento que comprove o seu CNPJ. Se você é uma marca pessoal, vai solicitar fotos dos seus documentos pessoais contendo RG e CPF.

A resposta do Instagram demora, em média, uma semana. A má notícia é que é muito difícil conseguir de primeira. Geralmente demora bem mais de uma tentativa.

O que eu noto também é que, se você tiver uma campanha rodando quando solicitar a verificação, o algoritmo do Instagram vai perceber que há bastante interesse na sua marca, então isso pode ajudar a conseguir. A verificação não é feita por uma pessoa, e sim por um algoritmo. Nesse caso, é pura tentativa e erro, até que um dia você finalmente consegue.

Se você for uma empresa tradicional no mercado, tende a ser mais fácil conseguir o selo de verificação, mesmo que seja um negócio regional.

O selo de verificação gera mais credibilidade para a sua marca. Além disso, sempre que comentar em publicação de terceiros, você tem chance de ser destacado no comentário que aparece para quem está rolando o feed sem entrar nos comentários. Isso aumenta a exposição da sua marca, especialmente se sua estratégia contemplar relacionamento com outras marcas no Instagram.

O PASSO A PASSO PARA UMA MARCA SER SEGUIDA NO INSTAGRAM

Somos seres humanos naturalmente perdidos. Desde a infância, precisamos de pessoas em quem nos espelhar, pessoas que possamos seguir.

Entra em jogo o fator influência.

Pergunto: por acaso você já ficou horas e horas procurando um vídeo para assistir na Netflix, mas acabou não assistindo a nada? Conheço muita gente que já passou por isso, acredito que você já possa ter vivenciado também.

É sempre melhor quando alguém chega e diz: *esse filme é a sua cara, assiste a isso!* Concorda?

Isso acontece porque **adoramos ser influenciados**. Porque nos poupa tempo, ainda mais quando alguém nos conhece bem!

Gostamos de seguir pessoas e marcas no Instagram que nos ajudam a poupar tempo, a tomar decisões acertadas, e a nos conhecer melhor. Tudo o que facilita e melhora nossa vida é muito bem-vindo!

Por que as contas de finanças pessoais encontram-se tão em alta? Porque tem muita gente dando dicas de valor para economizar e investir com potencial de fazer o dinheiro render mais e trabalhar para você.

Por que as pessoas seguem influenciadores de viagens? Porque eles são especialistas em criar roteiros que valorizam experiências imperdíveis e que poupam seu tempo. Em vez de você sair procurando pelo Google o que fazer na sua próxima viagem, os influenciadores já indicam roteiros personalizados.

É novamente uma questão de produção de conteúdo. Todas as empresas têm de se enxergar como veículo de mídia!

O veículo midiático que mais atrai a atenção das pessoas é o Instagram. Se você quer influenciar sua audiência, precisa produzir conteúdo no Instagram.

As pessoas seguem empresas por duas razões: ou porque são líderes de mercado, ou porque inspiram.

A verdade é que a inspiração vem antes da liderança. **O líder é aquele que inspira.**

Inspiração não tem a ver só com sacadas geniais, nem com conteúdo sério. Tem a ver também com diversão, informação, conteúdo relevante e tudo o que nos tira do tédio.

A regra da influência se baseia em três coisas:

1. As pessoas precisam conhecer a sua empresa;
2. As pessoas precisam gostar da sua empresa;
3. As pessoas precisam confiar na sua empresa.

Estou falando aqui, exclusivamente, do Instagram. O marketing tem milhares de outras possibilidades, é muito mais amplo, mas aqui o escopo da regra da influência se limita ao Instagram.

Como a regra acontece na prática?

- Na aba de Explorar;
- Por anúncios;
- Indicada por influenciadores relevantes para a sua área.
- Lembrando que influenciadores são três tipos de pessoas:
- O primeiro influenciador é quem está do seu lado, seu colega de trabalho, seu funcionário;
- O segundo é o seu cliente, é quem compra de você;
- E o terceiro é o influenciador mais falado, o produtor de conteúdo.

Fazer ações com esses três grupos de influenciadores é gerar indicações para a sua marca.

Existe um recurso chamado **Close Friends**, "melhores amigos", em português. Muitos influenciadores falam para os seguidores publicarem o card de divulgação nos stories, marcando esses influenciadores. Assim, eles veem a marcação chancelando o trabalho deles, e incluem esses usuários na lista de melhores amigos.

As pessoas influentes costumam usar esse recurso para produzir conteúdo exclusivo para quem faz parte dessa lista. É como um agradecimento por você fazer com que a sua base conheça a marca do influenciador em questão.

Após conhecerem sua marca, os seguidores vão gostar de você a partir de conteúdos que gerem uma pequena transformação na vida de cada consumidor(a). Sabe aquela dica útil para o dia a dia? Aquele conteúdo sobre o qual você diz "nossa, eu não sabia disso!"?

Esse é um fator que faz as pessoas gostarem da sua marca.

Vídeos também ajudam muito, principalmente quando você e seus funcionários aparecem. É um fator de humanização da marca.

Por fim, para as pessoas confiarem na sua marca, você precisa ter consistência. Publicar diariamente, de segunda a segunda, mesmo que seja feriado. Produza o conteúdo antes, deixe-o agendado e vá curtir o feriado. Lembre-se de publicar, no mínimo, uma vez por dia, e no máximo, três.

De novo: é preciso encarar Instagram como relacionamento. Todo mundo abre conta no Instagram com zero seguidor. Você ganha seguidores porque conta histórias!

Um documentário que eu acredito que vá agregar muito ao seu repertório de *storytelling* é *The Call to Courage* [O chamado da coragem], de Brené Brown, disponível na Netflix. É bem interessante porque mostra como, antigamente, os guerreiros lutavam por uma causa. Hoje, os heróis são os que expõem suas verdades, seus pontos de vista e seus propósitos nas redes sociais.

Portanto, nunca esqueça que pessoas se conectam com histórias e propósitos parecidos com os seus. Por isso, não faça conteúdo raso. Posicione-se de modo alinhado a seus objetivos e sem ferir ninguém.

VINTE E UMA ESTRATÉGIAS PARA AUMENTAR SEUS SEGUIDORES COMPRADORES

Número de seguidores é importante, sim! Mas é preciso focar em conquistar **seguidores compradores.**

Por que eu destaco isso? Porque sucesso não é curtida. Sucesso é ser relevante e ter lucro.

Sou um cara muito pés no chão. Por isso, fiz este livro para ensinar você a fazer um conteúdo legal, estratégico, e que o faça ganhar mais dinheiro usando o Instagram.

Se você pôr em prática as estratégias a seguir, tenho certeza de que seus objetivos irão se concretizar e você irá gerar mais grana em caixa.

1) As lives e os webinários

A marca precisa dar motivos para que novas pessoas a sigam. Costumo dizer que as lives são uma boa alternativa. No próximo capítulo, falarei mais sobre isso.

Se você quer conquistar novos públicos, faça uma divulgação prévia da live e, a uns três dias da data marcada, invista em anúncios para levar sua divulgação a mais pessoas.

Live todo mundo faz. Webinário tem uma grandiosidade maior, pois poucos fazem e ele gera uma maior retenção da audiência.

A live é feita diretamente no Instagram, por isso é mais popular. Por sua vez, o webinário precisa ser feito em uma plataforma externa. Faço as minhas através do YouTube Streaming.

A diferença entre webinário e live do Instagram é que, no primeiro, a pessoa vai precisar se inscrever com um e-mail para poder assistir a ele.

A inscrição gera lead. Você poderá usar esse e-mail futuramente para segmentar anúncios e fazer campanhas de relacionamento e vendas.

Faço bastante tanto live quanto webinário, mas percebo que o segundo tem um valor maior, e isso motiva mais pessoas a participarem.

2) Ações offline

Ganho mais seguidores quando faço palestras. Em 2019, fiz uma no Conecta Imob, maior evento do mercado imobiliário da América Latina, para um público de mais de 7 mil pessoas. Graças a essa apresentação, conquistei, no mínimo, 1.500 novos seguidores.

É o poder do palco. Todo mundo está prestando atenção em você.

Um evento offline, físico, concentra a atenção das pessoas, de modo que você pode aproveitar para gerar valor e dar motivos para que elas sigam acompanhando sua marca no Instagram.

Portanto, invista em eventos físicos! Você vai fortalecer sua marca, gerar leads com as inscrições (pagas ou não), conhecer melhor as pessoas (sobretudo se forem eventos para público reduzido) e receber muita atenção do público.

3) Sorteios

Pela legislação brasileira, marcas precisam receber autorização do Ministério da Economia (antigo Ministério da Fazenda).

Você deve acessar a página de Promoções Comerciais do site do Ministério da Economia, baixar um Documento de Arrecadação de Receitas Federais (DARF) no valor de 5% do preço total do que está sendo sorteado, e efetuar o pagamento para, então, receber um código de homologação do seu sorteio.

Marcas que fazem sorteios sem homologação podem ser denunciadas por realizá-los de modo irregular e enfrentar processos judiciais por conta disso. Portanto, o melhor a se fazer é seguir as regras.

Se você é pessoa física, não precisa se preocupar. Os sorteios são liberados para pessoas físicas. Sempre faço sorteios no meu Instagram pessoal.

Qual é o grande erro das marcas que fazem sorteios?

Elas sorteiam celulares, televisão, produtos genéricos que não têm relação com o negócio da empresa. Você precisa sortear o que faça sentido com o seu negócio, que tenha total relação com a sua buyer persona, para que os novos seguidores tenham potencial de se tornar compradores da sua marca.

Eu, por exemplo, sorteio cursos e palestras, usando, para isso, o site Sorteador (www.sorteador.com.br).

Mesmo que você não precise homologar a promoção no Ministério da Economia, você deve criar um regulamento para que o público saiba exatamente o que necessita fazer para participar e quando será divulgado o resultado.

Dica prática para potencializar o alcance do seu sorteio: peça para que as pessoas salvem o post, mesmo não sendo possível confirmar se o sorteado salvou, de fato, a publicação.

Outro cuidado importante: **mostre o sorteio acontecendo.** Informe via live no Instagram ou faça stories dizendo que carregou os comentários no Sorteador, deixando claro que é o horário que você falou que seria feito o sorteio. Exiba a tela durante o processo.

Evite crises. Tenha transparência total com os seus seguidores para não ter problemas desnecessários.

4) Fazer ações com influenciadores digitais

Costumo dizer que trabalhar, hoje, com influenciadores digitais é investir em mídia que funciona, principalmente com ações no Instagram e no YouTube.

Vai funcionar muito mais se o influenciador disser para seguir a sua marca. É a famosa **call to action** (CTA), chamada para ação. Você precisa combinar com os influenciadores para que eles divulguem a sua marca, pedindo para que as pessoas a sigam. Caso contrário, poucos vão se interessar a ponto de entrar no seu perfil e seguir.

Os youtubers, às vezes, parecem até chatos pedindo para se inscrever no canal e deixar o like no vídeo, mas eles fazem o certo, pois é isso que funciona. **Se não pedirmos, o usuário não faz a ação.**

Existe um conceito que diz que na internet as pessoas não são. Elas estão.

Estão engajadas, não são engajadas. **É uma situação impermanente.**

Lembra que eu falei sobre trazer o preço nas publicações com foco em venda? O que acontece é que, se você não cria engajamento naquele instante, depois disso o usuário se desinteressa ou se esquece daquilo.

Um caso prático vivido por mim: ao final dos cursos presenciais que eu ministro, tínhamos o hábito de passar um questionário para as pessoas registrarem sua opinião dos cursos. Depois de um tempo, decidimos virar *eco-friendly* e passamos a enviar o questionário por e-mail. Mas, com essa estratégia, vimos que só duas ou três pessoas respondiam.

O que acontece é que, assim que o curso acaba, as pessoas ainda estão engajadas com o momento. Depois, já estão em outra *vibe*.

Fiz esse parêntese para mostrar que, sim, é fundamental ter esse cuidado com influenciadores e pedir a eles que recomendem sua conta.

Não vou me alongar na questão do conteúdo a ser trabalhado com os influenciadores porque veremos tudo no próximo capítulo. Entretanto, deixo aqui **quatro dicas valiosas** para potencializar a conquista de seguidores adequados à buyer persona da sua marca ao trabalhar com influenciadores:

1. A melhor forma de engajar alguém é falar sobre esse alguém: se você citar esse influenciador, talvez ele olhe e, no máximo, compartilhe o que você falou. Em vez disso, que tal convidar o influenciador para participar de uma live, ou transformar o influenciador em conteúdo da sua marca num post? Provavelmente, os influenciadores vão gostar, até porque é uma questão de ego. Não num mal sentido: isso tem total relação com o que falei antes sobre outras pessoas e empresas chancelarem sua imagem e seu trabalho.

2. Invista em publieditorial: é o ato de pagar para um influenciador, de fato, fazer o que você quer que ele faça. Não há problema nenhum nisso.

3. Ajude influenciadores quando eles precisam: siga os influenciadores do seu nicho. Quando algum deles fizer uma publicação indicando alguma necessidade, se a sua marca tiver como ajudá-lo, ajude. Já vi uma amiga minha influenciadora de moda em Porto Alegre beneficiar uma marca após ser ajudada. Um dia, minha amiga fez stories falando que a cadelinha dela estava mal e não comia havia dois dias. Uma seguidora que era veterinária fez contato oferecendo-se para ir à casa da influenciadora naquele momento para atender a cadela. Influenciadoras de moda jamais falariam de uma veterinária, porque não tem relação com os objetivos delas, nem relação direta com as buyers personas delas. Mas minha amiga falou sobre a veterinária por ter recebido essa ajuda.

4. Aposte nos famosos recebidos: faça um *press kit* cuidadoso com seu produto e uma mensagem personalizada para os influenciadores de interesse. Cases de como não fazer ajudam muito a entender. Vou citar um que aconteceu também em Porto Alegre. Uma relojoaria recém-chegada à cidade enviou uma caixa de joia para influenciadoras, mas, na verdade, o que estava dentro não era joia, e sim um brigadeiro. A repercussão foi péssima porque a marca criou uma expectativa muito alta nas influenciadoras ao apresentar uma caixa de joia, e entregou um brigadeiro, que não é um bem durável (você come e já era), e ainda tem um valor de mercado muito inferior ao de uma joia. Dica: redija uma carta à mão com um *storytelling* que tenha relação com o influenciador, com o gosto da pessoa, de acordo com a situação de vida dela. Quem recebe precisa saber que aquilo foi feito exclusivamente para ele, e não sentir que ele é só mais um numa ação em massa. Enfim, analise o momento que os influenciadores estão vivendo para fazer algo marcante e que os motive a divulgarem a sua marca.

5) Concurso cultural

Concurso cultural é diferente de sorteio. A pessoa não ganha por sorte, e sim porque realizou uma ou mais ações especificadas em regulamento e que passaram no crivo que você determinou.

Por exemplo: um concurso cultural de Dia das Mães para que as pessoas contem histórias que suas mães lhes contaram num sofá. Sua marca vende sofás e vai dar um sofá de R$ 1.500,00 para a melhor história, que será avaliada pela sua equipe.

Uma das regras para participar do concurso é, obviamente, que as pessoas sigam sua conta e marquem ao menos uma pessoa, para que o público se expanda e gere mais seguidores e interessados no concurso cultural.

6) Produza conteúdo também no YouTube

O YouTube é uma rede social fantástica para alavancar o crescimento do Instagram. Isso porque tem menos marcas pessoais e empresariais produzindo conteúdo com frequência no YouTube, muito em função de ser uma plataforma apenas de vídeo, que pode demandar mais trabalho do que uma presença no Instagram.

Lembra que eu falei que o Instagram é canal por assinatura? O YouTube é TV aberta!

Faça vídeos com títulos chamativos e use gatilhos mentais nos títulos e descrições.

Veja o canal da Nathalia Arcuri, do Me Poupe!, o maior canal de finanças do mundo. Depois da vinheta de abertura, há um aviso para seguir a própria Nathalia Arcuri no Instagram. Ela traz a audiência do YouTube para o Instagram, e faz isso muito bem!

7) Produza conteúdo também no LinkedIn

É a mesma lógica do YouTube, mas numa perspectiva um pouco mais de nicho. Isso porque a base de usuários do LinkedIn é menor, mas há uma grande vantagem nisso. É a chamada pirâmide 1/99. Isso quer dizer que 1% dos usuários do LinkedIn estão produzindo conteúdo, e 99% estão como audiência apenas consumindo. Então o alcance do LinkedIn é muito grande.

Um amigo meu, chamado Douglas Gomides, passou a produzir conteúdo diário no LinkedIn e, em um ano, se tornou LinkedIn Top Voice. LinkedIn Top Voices é uma lista de pessoas que, desde 2016, os editores da rede social destacam como influenciadores. Agora, o Douglas usa no título do seu perfil no LinkedIn "me siga no Instagram".

Dessa forma, ele está trazendo a grande audiência dele do LinkedIn também para o Instagram, captando ainda mais a atenção do público.

8) Produza conteúdo também por e-mail marketing

Muito similar à lógica do YouTube e do LinkedIn porque também não é toda marca que utiliza, especialmente com foco em gerar seguidores no Instagram.

E-mail marketing é o meio que possui o melhor retorno sobre investimento (Return On Investment, ROI). Há diversas ferramentas de e-mail marketing baratíssimas, algumas até gratuitas.

Você pode se relacionar com a sua base de e-mail marketing enviando os posts que mais bombaram no Instagram. Se as pessoas da sua newsletter não seguem você no Instagram, você vai gerar o interesse delas; elas passarão a segui-lo.

Outra vantagem: vai fazer uma live no Instagram? Mande um e-mail para os assinantes da newsletter informando isso! Nada no marketing é 100% garantido, mas se você fizer isso com consistência, as chances são grandes de boa parcela da sua base de e-mail ser convertida em seguidores no Instagram.

9) Casamento de vídeos no feed + anúncios

Trabalhe uma série de quatro vídeos com conteúdo impactante para a sua audiência durante uma semana. Separe pelo menos R$ 500,00 para investir.

1º vídeo: deve servir de chamada para os outros três vídeos. Por exemplo: Pessoal, siga-me no Instagram porque nos próximos dias falarei sobre as vantagens de organizar a sua rotina pessoal em home office.

Você vai segmentar esse anúncio para pessoas que não o seguem, e também para quem já segue. Isso vai lhe permitir potencializar os resultados porque sua marca vai contar com pessoas já interessadas pelos seus conteúdos.

2º vídeo: você dará uma primeira parte desse conteúdo e já convidará para o próximo vídeo da série. Convide as pessoas a seguirem a sua conta, pois o conteúdo será anunciado também para quem ainda não segue sua marca.

3º vídeo: mais um vídeo com conteúdo relevante.

4º vídeo: é o encerramento da série. Por isso, é importante sugerir novamente que sigam a sua conta.

Depois de terminada a série dos quatro vídeos, você vai investir igualmente o dinheiro para anunciar todos. É preciso que a distribuição seja equivalente para ver qual vídeo vai conquistar mais seguidores. Só então, naquele que mais trouxer seguidores, você deverá investir mais dinheiro, para aumentar ainda mais seus resultados.

Você vai impactar sua buyer persona com um conteúdo poderoso e potencializar tudo!

10) Sequência de lives com convidados

É possível convidar uma pessoa ou marca que possua um público alinhado ao da sua buyer persona, para que vocês "troquem" audiência. Também é possível convidar as pessoas que estão na live para interagir com você ao vivo por vídeo.

Sempre que uma pessoa participar da sua live, o Instagram irá notificar a base de seguidores desse convidado. Assim, você chega aos seguidores dele, que podem se interessar pelo seu conteúdo e passar a seguir sua conta. É uma troca muito interessante!

É importante que seja uma **sequência** de lives. De novo: trata-se de consistência.

Se você só fizer live eventualmente, sem um calendário minimamente definido, não vai prender a atenção da audiência, que vai preferir acompanhar outras contas que trabalham as lives como um conteúdo de TV por assinatura. Lembra-se do *agenda setting*?

Outro ponto importante de fazer lives é que, ao final, você pode salvá-las no seu IGTV. Antes, ficavam salvas por 24 horas nos stories, agora ficam de modo permanente no IGTV.

Uma live pode render dezenas de conteúdos menores. Para isso, você pode baixar a live e cortar partes da transmissão para fazer outros conteúdos para o feed e para o IGTV.

Se você não souber editar vídeos, conte com um videomaker profissional para adequá-los à linguagem dos outros formatos do Instagram. Aposte em vários microvídeos, que são os chamados conteúdos *nugget*, que geram muito valor para a audiência.

11) Analise seus concorrentes

A melhor faculdade é aprender com acertos e erros de outras pessoas. Analise com o intuito de aprender, não de copiar o que os outros players do seu mercado estão fazendo.

Essa dica é a que mais impulsionou meu crescimento no Instagram.

Em 2019, comecei a reparar que outros profissionais e outras empresas do meu nicho passaram a produzir conteúdo diário e consistente no Instagram. Até então, eu tocava várias coisas da minha vida ao mesmo tempo: marca pessoal, Fabulosa Ideia, consultorias, palestras, cursos, tudo isso ministrando aulas em cinco faculdades diferentes. Minha presença no Instagram era mais para mostrar o meu trabalho e dar algumas dicas sobre marketing digital, mas não era uma presença diária nem consistente.

Foi analisando outros players de mercado que girei a chave e fiz meu Instagram crescer muito e rapidamente.

Dica extra sobre análise de concorrência: não acredite que você é um fracasso porque seu concorrente faz isso ou aquilo. Não pense que seu trabalho, seu produto/serviço ou sua presença digital não estão bons. Não entre nessa viagem!

Todo mundo começa pequeno. O que diferencia os que permanecem pequenos dos que crescem é que **quem cresce age para crescer**. Não é preciso ter centenas de milhares de seguidores. É preciso ter um número de seguidores suficiente para atingir seus objetivos – e isso varia de pessoa para pessoa, de empresa para empresa.

12) Incentive marcação

Faça posts que motivem os seguidores a marcarem amigos. Use gatilhos mentais e chamadas de ação para incentivar a marcação de outros usuários. Use a legenda como aliada.

Pense também em conteúdos que explorem erros vividos. Como já falei, as pessoas fazem o possível para evitar erros que outras pessoas cometeram.

Por exemplo, um conteúdo que já fiz e deu muito certo:

> DEZ ERROS QUE TODO *SOCIAL MEDIA* INICIANTE COMETE.

As pessoas se lembram de amigos que querem iniciar ou estão iniciando a profissão de *social media* e as marcam.

Marcação é indicar conteúdo.

Uma outra dica é entrar em polêmicas, mas não polêmicas extremamente polarizadas ou que não estejam alinhadas com seus propósitos e seu posicionamento.

Em março de 2020, quando o mundo começou a viver a pandemia da Covid-19, e a quarentena foi realidade por muito tempo para tentar diminuir o contágio do vírus, fiz um post sobre ser certo ou errado vender naquele momento.

Meu posicionamento foi de que não era errado produzir conteúdo com foco em venda. Não era errado cuidar da saúde financeira da sua empresa num momento de crise.

O errado seria se as empresas não cuidassem também da saúde de seus funcionários e desrespeitassem instruções de órgãos de saúde e de pesquisadores científicos.

Fiz esse post porque muitos alunos estavam com essa dúvida e até se sentindo culpados por tentar vender. Em uma hora, a publicação recebeu 152 enviar, e 42 pessoas a compartilharam em seus stories e me marcaram.

Entrar em assuntos polêmicos com um **posicionamento racional e alinhado à sua estratégia** estimula que pessoas marquem pessoas e enviem o seu conteúdo. Isso expande muito o seu alcance e, consequentemente, atrai novos seguidores. Elas o enviam porque gera conexão; muitas vezes, seu conteúdo fala o que as pessoas não tiveram coragem de publicar!

13) Interaja em contas do seu nicho fazendo comentários longos

Uma ótima estratégia para aparecer em destaque nos comentários de contas de interesse da sua buyer persona é fazer comentários longos. Já falei aqui que se você tem conta verificada, ela terá prioridade para ser destaque. Entretanto, você também pode ser destacado se não houver comentários de contas verificadas, e isso pode gerar seguidores.

14) Assine vídeos no IGTV com seu @ no rodapé

Assine seu IGTV porque o potencial viral de vídeos mais longos que 1 minuto é grande, podendo aparecer no Explorar e, quem sabe, até mesmo serem baixados pelos usuários e compartilhados fora do Instagram. É sempre bom que as pessoas saibam qual é a fonte original.

15) Vire notícia

Quando um veículo fala de você e da sua marca, as pessoas se interessam em conhecer você. Seria necessário um capítulo específico para explicar como você vira notícia, mas fugiria muito do foco do livro. Já mencionei o site Dino anteriormente, e ressalto que o trabalho pode ser feito, basicamente, contratando uma empresa especializada em assessoria de imprensa.

Outra alternativa é gerar inovação relevante e, naturalmente, obter mídia espontânea.

Considere também escrever artigos para terceiros. Por exemplo, se você é nutricionista, entre em contato com sites especializados e veja a possibilidade de enviar artigos ou, até mesmo, de ser colunista. É como em tudo na vida: você tenta trinta, mas só dois vão responder. É muita tentativa, muito ficar no vácuo, mas uma hora alguém aceita.

Lembre-se de que o não você já tem. Caso publiquem, você ainda ganha reputação, podendo replicar o conteúdo no seu próprio Instagram.

16) Saiba usar hashtags

Vamos explorar isso muito mais no capítulo dedicado a conteúdo, mas já tenha em mente que nem toda hashtag é útil para conquistar seguidores compradores. No próximo capítulo, trarei uma série de hashtags banidas pelo Instagram para você saber quais não utilizar.

17) Use localização nos stories

O erro mais comum é as marcas, principalmente com sede física, marcarem a própria localização nos stories. Somente as pessoas que entrarem na localização da loja é que vão ver seu conteúdo.

Marque a sua cidade, porque, assim, você terá grandes chances de ter seu story destacado na localização geral do município. Também é possível que o Instagram destaque seu story em níveis estadual e nacional.

18) Requente o que deu certo

Analise os conteúdos que mais funcionaram na história do seu Instagram e faça anúncios segmentados para regiões ou públicos novos (sempre dentro dos objetivos para conquistar sua buyer persona).

19) Cite pessoas

Fale sobre as pessoas do seu público-alvo e as mencione. Faça isso semanalmente. Vai indicar um livro, um produto, um serviço? Marque as pessoas e empresas responsáveis, principalmente nos stories, para que as contas mencionadas possam replicar seu conteúdo nos stories delas. Assim, você atinge uma audiência alinhada ao perfil da sua buyer persona.

Faça conteúdo em parceria. Transforme em conteúdo autoral quem interessa a você e quem o inspira.

20) Série de perguntas e respostas nos stories

Responda semanalmente nos stories as principais dúvidas enviadas pelos seguidores. Estimule que as pessoas enviem perguntas.

Leia – e responda – os comentários em suas publicações, e aproveite os insights gerados ali para responder também nos stories. Transformar isso em uma série periódica motiva as pessoas a seguirem você, pois elas sabem que, todas as terças-feiras à noite, você se dedica a uma série de perguntas e respostas, por exemplo.

21) Anúncios

Anunciar potencializa seu conteúdo, fazendo com que ele chegue a mais pessoas. Recomendo que você separe um dinheiro fixo, mesmo que pouco de início, para investir mensalmente.

Quanto mais seguidores compradores engajados sua marca tem, mais pessoas você engajará e, consequentemente, fará mais vendas. Quanto mais engajamento, mais você vende. Quanto mais você vende, mais dinheiro em caixa. E assim você vai retroalimentando o processo e crescendo.

Não é ego, é investimento em futuros compradores.

Este livro possui um capítulo exclusivamente dedicado a anúncios, já citei isso algumas vezes. Trago como fechamento dessa lista porque nunca é demais repetir: para crescer estrategicamente e com consistência, é preciso investir dinheiro em anúncios do Instagram.

COMO EVITAR QUE A SUA CONTA SEJA BLOQUEADA NO INSTAGRAM

Tem crescido o número de pessoas cujas contas foram marcadas como *spammers* e sofreram o chamado *shadowban* (que reduz as taxas de alcance e de engajamento das publicações). Ou, ainda pior, muitas são excluídas definitivamente do Instagram.

O melhor remédio é a prevenção.

Entretanto, se não ocorrer a exclusão definitiva, é possível resolver o problema.

Como saber quando sua conta sofreu *shadowban*? A alternativa mais óbvia é ver que as taxas de engajamento de posts e de stories caíram drasticamente. Peça para amigos que seguem a sua conta ver se, na rolagem natural do feed e na visualização dos stories, seus conteúdos aparecem.

Se não aparecem, e você estiver percebendo a queda geral, é porque você tomou *shadowban*.

Como resolver: dê um tempo nas atividades do Instagram. Fique dois dias sem usar o app para ver se sua conta é retirada da lista de banidos temporariamente.

Outra sugestão é reduzir o número de postagens. Se você postava mais do que três vezes por dia, é importante rever a estratégia com urgência. Se mesmo dentro do limite máximo de três vezes por dia você suspeitar que levou *shadowban*, experimente reduzir por um tempo para verificar se os resultados voltam ao normal.

Outra possibilidade é revogar o acesso a aplicativos externos. Atualmente, só indico aplicativos que sejam para agendamento de posts. No caso, o que eu uso é o mLabs.

Noto que uma alternativa capaz de fazer a situação normalizar é mudar a conta de pessoal para comercial, ou vice-versa. Faça isso com moderação. Não fique toda hora alterando o tipo de conta, até para não correr o risco de perder dados valiosos entre uma mudança e outra.

Por fim, se nada der certo, tente entrar em contato com a central de ajuda do Instagram. Este deve ser o último recurso porque tende a ser a opção mais demorada e sem a certeza de que sua solicitação será atendida.

Para evitar penalizações:

1. Dê adeus a aplicativos que automatizam curtidas e seguidores.
2. Não compre seguidores.
3. Não use sempre as mesmas hashtags.
4. Atente-se a hashtags proibidas.

Lembra-se da famosa #sextou? O Instagram barrou essa hashtag porque, em inglês, significa *sex to u* (*u* como abreviação de *you*). Ou seja, *sexo para você*, em tradução literal.

Diversas hashtags foram banidas pelo Instagram nos últimos anos. Isso significa que, se você utilizá-las, certamente sua publicação não chegará para muita gente. Separei algumas hashtags banidas até 2021 para você nunca usar:

beautyblogger	mileycyrus
beyonce	newyears
brain	newyearsday
direct	parties
dm	pornfood
fitnessgirls	skateboarding
girlsonly	skype
ig	snapchat
ilovemyinstagram	teen
italiano	teens
kissing	todayimwearing
like	valentinesday
lingerie	workflow
lulu	wtf

5. Não realize ações em massa. Não siga nem envie mensagens para dezenas de pessoas em um curto espaço de tempo. Ao responder a muitas pessoas, nunca o faça exatamente da mesma maneira. Caso contrário, o Instagram pode considerar sua conta como *bot* e penalizá-lo.

6. Cuidado com direitos autorais. Compartilhe imagens das quais você possua os direitos. No caso de músicas, o limite por lei é de até 30 segundos. Priorize usar trilhas sonoras de uso gratuito. Se for compartilhar vídeos com música ao fundo, cuidado para que a duração não seja maior do que 30 segundos.

7. Evite qualquer tipo de conteúdo com conotação sexual ou violento. Isso é importante principalmente para profissionais de dermatologia e estética, pois se você compartilhar uma foto com uma ferida para falar que seus procedimentos curam essa ferida, o Instagram pode considerar que a imagem é violenta e punir sua conta. O algoritmo interpreta a foto como se fosse uma violência. Além disso, mostrar muito o corpo pode fazer o Instagram considerar isso conteúdo sexual.

Seja estratégico sempre e tome cuidados para que sua presença no Instagram não vá por água abaixo.

Hey! Antes de continuar, que tal me contar o que está achando da leitura até aqui?

Siga-me lá no **@terradorafael** e me mande uma DM com a sua opinião!

Acredito que você está tendo insights valiosos para a sua marca. Não perca suas ideias: aproveite o fim deste capítulo para anotar todas elas!

INSTAGRAM MARKETING

Escreva aqui seu planejamento de Instagram! Quem é a sua persona? Quais serão as suas editorias de conteúdo? Anote tudo o que inspirou você!

_____
_____
_____
_____
_____
_____
_____
_____
_____
_____
_____
_____
_____
_____
_____
_____
_____
_____
_____
_____
_____
_____
_____
_____
_____
_____
_____
_____
_____
_____

COMPARTILHE EM SEUS STORIES

GENIAL MESMO É QUANDO VOCÊ CONSEGUE TRANSFORMAR PUBLICIDADE EM CONTEÚDO, E CONTEÚDO EM PUBLICIDADE SUTIL!

@TERRADORAFAEL

CAPÍTULO 2

CONTEÚDO RELEVANTE NO INSTAGRAM

INTRODUÇÃO AO CONTEÚDO DE SUCESSO NO INSTAGRAM

Agora que você está com a mão na massa planejando sua estratégia para ter sucesso no Instagram, vamos falar daquele que é o rei, e um dos principais pilares, de todas as redes sociais junto com relacionamento: o conteúdo!

Conteúdo não é publicidade.

Acredito que você percebeu isso ao terminar de ler o primeiro capítulo. Mas eu não podia deixar de reforçar essa ideia já na abertura da parte dedicada exclusivamente ao conteúdo de sucesso no Instagram.

Por quê? **Porque as pessoas não compartilham publicidade.**

O conteúdo que você cria precisa ser a intersecção entre aquilo em que você é bom e o que as pessoas querem.

Pode parecer meio antigo o exemplo, mas acredito que seja oportuno: as pessoas não compram jornal para ver publicidade. Compram para ler o conteúdo!

Conteúdo vende muito. Até o fim deste capítulo, você vai aprender não apenas a fazer posts, e sim a executar uma estratégia de conteúdo com objetivo de **venda futura** definido.

Você pode até optar por uma abordagem orgânica nada focada em vendas, mas, mesmo assim, vai vender muito. No próximo capítulo, vou lhe contar tudo sobre anúncios, mas já quero dar um *spoiler*: por mais que publicações orgânicas da sua marca não tenham foco em vendas, você poderá rodar anúncios com abordagem vendedora especificamente para quem se engaja com seus conteúdos orgânicos.

Apesar de existir a possibilidade de produzir conteúdos organicamente sem usar discursos de venda, recomendo que você aplique a **regra 80/20**.

A regra 80/20 consiste em:

- Em 80% dos posts, você deve agregar valor às pessoas;
- Em 20% dos conteúdos, você deve focar em venda.

Nesses quinze anos de experiência com marketing digital, já vi muitas empresas acreditarem que precisam vender todo seu portfólio (seja de produtos, seja de serviços) a todo momento. Não é assim que funciona.

Você precisa ter foco!

É fundamental escolher **dois carros-chefe** (produtos ou serviços) para vender no Instagram. Após defini-los, faça conteúdo que gere conversão desses dois itens.

Lembre-se do *best-seller* dos empresários Gary Keller e Jay Papasan que indiquei no primeiro capítulo. Tenho certeza de que, nesse momento, o livro deles ajudará você.

CINCO PILARES QUE SÃO A BASE DE CONTEÚDOS RELEVANTES EM QUALQUER FORMATO

Pode ser em feed, stories, live, Reels, IGTV ou até mesmo em outras redes sociais. Não importa o formato, a base de conteúdos que constroem autoridade da sua marca são estes cinco pilares.

1º pilar: utilidade pública

Tenho certeza de que, pelo menos uma vez na vida, você viu uma marca anunciar uma novidade e isso lhe gerou interesse no assunto. Isso porque nós, seres humanos, adoramos novidades!

O pilar de utilidade pública é norteado principalmente pela ideia de contar algo que seus clientes e seguidores ainda não sabem. Nós nos engajamos muito com o que é novo, pois este suscita curiosidade.

Mas veja bem: a utilidade pública deve ser útil, de fato, para a sua buyer persona. Não é sobre você, e sim sobre o público-alvo da sua marca. Por isso, é essencial estudar o que é utilidade pública no seu segmento.

Um exemplo prático que acompanhei ao longo da vida: quando eu estava na escola e na faculdade, a marca All Star era um símbolo dos rockeiros. Atualmente, a marca se desvinculou do rock e trabalha muitos lançamentos de produtos que contemplam estilos ecléticos. Ela mantém sua identidade, mas se expandiu para muito além de ser somente um símbolo do rock.

Guarde isto: a novidade é tanto um produto ou serviço novo quanto uma notícia ou informação que a sua audiência ainda não conhece.

É preciso monitorar os concorrentes para ser uma marca relevante, e não uma mera replicadora de conteúdos.

Costumo dizer que existem três tipos de produtores de conteúdo no Instagram.

- **Produtores genuínos**: marcas pessoais e empresariais que produzem conteúdo autoral, do zero;
- **Curadores**: pessoas e empresas que fazem curadoria de notícias e tendências do nicho, e compilam as informações de modo acessível para o público-alvo. Não está errado; há, inclusive, muitas marcas pessoais e empresariais que crescem assim;
- **Copiadores**: aqueles que copiam na caradura os outros dois tipos.

Quem cresce mais rapidamente e com maior margem de lucro é, obviamente, quem produz conteúdo original.

2º pilar: emoção

O que gera emoção engaja muito. Quando você consegue vincular a marca a algo emocional, o engajamento é incrível!

Mas evite ser piegas: não transforme sua conta em um compilado de frases emocionantes acreditando que isso é fazer conteúdo que gera valor.

Lembre-se também de que é para emocionar a buyer persona, não a sua marca.

Com tantas datas comemorativas no calendário, emoção pode ser facilmente confundida com pieguice. Aqui, quero citar um exemplo prático para você perceber bem a diferença entre ser genuíno e não passar de mais um na multidão.

Por muito tempo, a Fabulosa Ideia atendeu a Viação Ouro e Prata, uma empresa de transportes intermunicipais e interestaduais. Produzíamos conteúdos com foco na emoção em dois momentos relevantes para a marca.

O primeiro era, justamente, em datas carregadas de emoção, como Dia das Mães e Dia dos Pais. Nessas épocas do ano, a tendência é que a maior parte das buyers personas estejam se deslocando para ficar com seus familiares que moram em outras cidades.

O deslocamento, às vezes grande, para poder ficar próximo de quem se ama rende histórias e abordagens muito ricas. Contávamos essas histórias nas redes sociais para dar visibilidade aos clientes; e, com elas, emocionávamos a audiência.

Outro modo com que trabalhávamos a emoção das buyers personas da Viação Ouro e Prata era celebrar o aniversário das cidades que fazem parte do itinerário da empresa. Isso gerava impacto nas pessoas que moram ou tem algum vínculo emocional com os municípios aniversariantes.

Dica: estude em sua buyer persona quais são os aspectos emocionais que podem ser trabalhados de modo que gerem **valor e pertencimento.**

3º pilar: storytelling

Procure transformar o seu conteúdo em uma série. Isso instiga as pessoas a acompanharem sua série, da mesma forma como o fazem com seriados e novelas.

A continuidade motiva.

Pense em editorias de conteúdo semanais, como lives para tratar de um determinado assunto importante para a sua buyer persona. As pessoas vão seguir você porque irão se interessar pela proposta.

Um case muito legal aconteceu em 2019. Você se lembra do **@World_record_egg**?

Parecia ser apenas um ovo querendo ganhar curtidas, mas foi um verdadeiro storytelling que eu gostaria de analisar com você.

Em 4 de janeiro de 2019, a conta publicou seu primeiro post: um ovo em um fundo branco. A legenda convidava os usuários a se engajarem para quebrar o recorde de likes do Instagram, à época pertencente a Kylie Jenner, que conquistara 18,4 milhões de curtidas em uma foto.

A conta bateu o recorde e, em menos de duas semanas, já estava com 45 milhões de curtidas!

Pouco a pouco, o ovo foi "se chocando". A conta seguiu postando fotos do ovo e construindo seu storytelling. Até que...

O ovo se tornou uma bola de futebol americano. O post anunciava que tudo seria revelado após o Super Bowl (jogo final do campeonato da NFL – principal liga de futebol americano dos

Estados Unidos – e um dos maiores eventos esportivos do mundo) e que a audiência poderia descobrir antes pelo Hulu (serviço de *streaming* da Disney).

Finalmente, foi revelado na transmissão e no próprio Instagram que a conta era uma **ação sobre saúde mental**. O ovo convidou os usuários a visitarem o site talkingegg.info, que continha uma lista de endereços de diversas instituições que conversam com pessoas que precisam de ajuda.

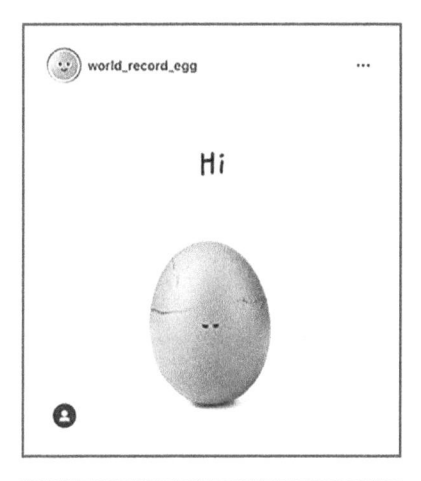

> world_record_egg
>
> FOR MORE INFO VISIT:
> **TALKINGEGG.INFO**
>
> #TALKINGEGG
> EGG GANG

O criador da campanha foi o publicitário Chris Godfrey. O mote da campanha de likes foi bem interessante: ele descobriu que a foto mais curtida era de Kylie Jenner, e se perguntou se algo simples e universal como um ovo poderia bater o recorde mundial.[2]

Ele não só bateu o recorde do Instagram, como sua publicação se tornou **a mais curtida na história de todas as redes sociais**, tendo mais de 50 milhões de likes, superando o recorde estabelecido pelo videoclipe de *Despacito* no YouTube.

Veja quanta coisa aconteceu nesse storytelling:

- Divulgação do Super Bowl
- Divulgação do Hulu
- Divulgação da ação sobre saúde mental

---

2 Jonah Engel Bromwich e Sapna Maheshwari, Meet the Creator of the Egg That Broke Instagram, *The New York Times*, 3 fev. 2019. Disponível em: https://www.nytimes.com/2019/02/03/style/world-record-egg-instagram.html. Acesso em: 30 ago. 2020.

- Recorde de foto mais curtida no Instagram
- Recorde de conteúdo mais curtido em todas as redes sociais
- Fortalecimento da marca pessoal do Chris Godfrey

De acordo com o publicitário, o foco da ação de saúde mental era justamente mostrar a ansiedade gerada pelo uso excessivo da internet, a ponto de as pessoas acompanharem massivamente os posts de um ovo. Com um contexto muito bem construído a partir de um storytelling exemplar, a ação divulgou instituições que podem ajudar pessoas que sofrem de ansiedade e outras questões que afetam a saúde mental.

A principal moeda da era digital é a atenção das pessoas. Não à toa, é dito que vivemos na era da **economia da atenção**. Portanto, vá contando sua história em partes e estimulando que as pessoas acompanhem seu Instagram para conhecer o desfecho do seu conteúdo relevante.

4º pilar: reforço de causas e valores

Você curte e compartilha qualquer conteúdo? Digo, apareceu no seu feed, você automaticamente se engaja?

Acredito que não. Sabe por que não?

Porque nós, humanos, curtimos e compartilhamos o que nos faz pensar "nossa, eu me identifico com essa marca. Ela falou por mim!". Novamente, é um impacto que gera pertencimento e motiva curtidas, compartilhamentos e salvamentos.

Portanto, não seja informativo. Gere engajamento!

5º pilar: gatilhos mentais

Use gatilhos mentais em períodos em que você quer vender. Ou seja, foque nos 20% dos seus conteúdos e nos anúncios.

A fórmula perfeita para sua marca é este combo:

Agenda setting + storytelling + gatilhos mentais = conteúdo vendedor e que engaja

Veja o passo a passo de como você pode aplicar essa fórmula:

1. Comece a semana informando que, em determinado dia, vai haver uma promoção de lançamento do seu novo produto ou serviço (agendamento, conforme a teoria do agenda setting, e começo do storytelling).

2. Até a data do lançamento, encontre oportunidades para mesclar a venda ao seu conteúdo. Se você trabalha com serviço, tenha em mente que o maior engajamento é no card ou no carrossel (caso tenha mais de uma arte). Então, dê conteúdo no(s) card(s), e, na legenda, faça uma abordagem focada em vendas (continuidade do storytelling + gatilho mental de urgência e/ou escassez).

Exemplo de chamada no card:

Cinco erros que pequenos comerciantes costumam cometer.

O card lista os cinco erros, e a legenda chama para o seu curso de gestão de pequenos negócios.

"Inscreva-se agora para o curso online Gestão Qualificada e garanta 30% de desconto. Vagas limitadas!".

Por que esse exemplo funciona? Porque geralmente as pessoas compartilham o conteúdo baseando-se nos cards e não percebem que a legenda é de venda. Dessa forma, sua abordagem vendedora vai mais longe!

3. No dia do lançamento, foque em produzir conteúdo de venda e informe o prazo para a aquisição com desconto (continuidade do storytelling + gatilho mental de urgência).

4. Na data de encerramento da promoção, lembre sua base de seguidores de que faltam **apenas algumas horas** para poder comprar seu produto/serviço com desconto imperdível (foco total no uso do gatilho mental de urgência).

É o conceito Black Friday: uma ótima oportunidade que dura por tempo limitado.

Genial mesmo é quando você consegue transformar publicidade em conteúdo, e conteúdo em publicidade sutil!

COMO SE TORNAR UMA AUTORIDADE NO INSTAGRAM

As pessoas escolhem marcas que são autoridades em seus segmentos, especialmente em momentos de crise. Isso fica ainda mais evidente quando duas marcas possuem preços similares, e as pessoas optam por aquela que é **ligeiramente mais cara** porque a consideram uma autoridade.

É fato que nós, seres humanos, fazemos qualquer coisa por quem:

- Encoraja nossos sonhos;
- Justifica nossas falhas;
- Confirma nossas suspeitas;
- Alivia nossos medos;
- Ataca nossos inimigos.

Como aplicar isso na sua marca?

Tudo isso é ligado ao **neuromarketing**, portanto, é aplicável nos negócios.

O exemplo perfeito para lhe explicar a aplicação prática aconteceu a partir da pergunta de um aluno numa das edições do curso presencial do InstaMais. Ele queria saber como aplicar esse entendimento em seu **e-commerce de vinhos**.

Veja a seguir algumas abordagens de sucesso que ele (e profissionais de ramos similares) pode adotar.

1) Encorajar os sonhos da buyer persona:

Dez passos para você se tornar um enólogo.

É óbvio que quem sonha em se tornar enólogo, em algum momento da jornada, vai ter de comprar vinhos, taças, adegas e outros acessórios. Encorajar o sonho dessas pessoas aumenta muito as chances de que elas sempre escolham seu produto ou serviço quando necessário.

Uma das maiores referências no empreendedorismo e no marketing digital em nível mundial é o Gary Vaynerchuk, conhecido como Gary Vee. O começo da vida dele nos negócios, inclusive, foi no ramo dos vinhos. Ele é famoso por encorajar os sonhos das pessoas. Fica a dica para conhecer mais referências!

2) Justificar as falhas da buyer persona:

Cinco erros que todo enólogo iniciante comete.

As pessoas adoram aquele colinho de mãe. Então, no caso de erros muito comuns em iniciantes no seu nicho de mercado, um conteúdo com essa abordagem mostra que tudo bem errar.

Ao mesmo tempo, fortalece sua autoridade porque você está **ensinando-lhes** o caminho certo. Teste com a sua buyer persona, você verá que os usuários se engajam muito!

3) Confirmar as suspeitas da buyer persona:

Tomar uma taça de vinho faz bem à saúde.

Esse é um dos principais fatores para fortalecer sua autoridade.

O dr. Drauzio Varella, por exemplo, é presença frequente no *Fantástico* justamente para falar sobre conceitos e ideias de saúde nos quais, em geral, a população acredita. Então, muitas vezes, ele confirma as suspeitas, seja para algo bom ou ruim.

4) Aliviar os medos da buyer persona:

Cinco mitos sobre vinho velho.

Ninguém quer sofrer com problemas que fizeram outras pessoas sofrerem. Desfazer mitos ou compartilhar histórias de fracasso ou insucesso, especialmente por meio de listas, é uma ótima forma de mostrar para a audiência que está tudo bem se enganar ou cometer erros, pois isso faz parte da aprendizagem.

Complemente o alívio dos medos com ensinamentos práticos ou dados que facilitem a compreensão da buyer persona para que sua audiência não passe pelas mesmas situações que você está citando.

No exemplo do e-commerce de vinhos, o assunto é muito popular – o entendimento de que, quanto mais velho o vinho, melhor. Portanto, a abordagem tem como objetivo tratar sobre dados ou percepções sensoriais que vão desconstruir entendimentos consolidados que não são verdadeiros.

5) Atacar os inimigos da buyer persona:

Cerveja engorda mais que vinho.

Tudo bem você ter pensado que o *ataque a inimigos* significasse algo violento. Como falei, os estudos psicológicos que norteiam esses tópicos são relacionados ao comportamento humano. Mas, aqui, nosso foco é aplicá-los ao mundo dos negócios. Portanto, trata-se de uma perspectiva de neuromarketing.

Quando falo inimigos, não me refiro a pessoas nem a marcas concorrentes. Nesse exemplo, o "ataque" é dirigido às cervejas. Muitas pessoas que bebem álcool gostam tanto de cerveja quanto de vinho. **O argumento serve para valorizar as qualidades do vinho e destacar um atributo negativo da cerveja.**

Lembra que gatilhos mentais são sobre persuasão? Nesse caso, o objetivo é persuadir o consumidor a optar pelo vinho do e-commerce, em vez da cerveja vendida pela concorrência.

Por isso, foque em contrapor seu produto ou serviço a algo similar oferecido por players do mercado, enaltecendo as qualidades do que você vende.

Crie comunidade e permita-se inspirar a audiência

Combine os cinco tópicos de neuromarketing mencionados aqui, mesmo que você seja uma marca empresarial. Lembre-se do que foi definido na etapa de planejamento estratégico.

Além desses itens, também é importante cultivar o senso de comunidade.

Se fizer sentido para o seu negócio, mostre a vida que você leva, especialmente para os casos de marcas pessoais. Seu dia a dia e seu estilo de vida podem ser o sonho de muitos de seus seguidores!

Conteúdos das viagens que você faz, dos eventos que frequenta, os livros que lê, tudo isso pode fortalecer sua autoridade, pois quem o segue pode almejar ter o mesmo status que você tem. Não somente status financeiro, mas também de:

- Conhecimento;
- *Networking*;
- Posicionamento de mercado;
- Ideais;
- Referências;
- Realizações.

As pessoas que estão junto de você podem fortalecer sua autoridade. Nunca se esqueça de que a nossa autoridade é **zero** se não houver pessoas conosco! Os stories são um ótimo ambiente para gerar essa aproximação!

Algumas dicas para gerar senso de comunidade sem parecer egocêntrico:

- Fazer registros com seus clientes;
- Mostrar reuniões de trabalho;
- Compartilhar o que as pessoas falam a seu respeito e os eventos que de você participa.

Tudo isso cria um imaginário na cabeça do consumidor.

CONTEÚDO PARA AUMENTAR VENDAS NO INSTAGRAM

Nesta parte do livro, você vai aprender que uma presença vendedora e relevante no Instagram não se limita a *apenas* fazer posts, stories e lives. O que você está aprendendo a fazer é construir **estratégia de conteúdo com objetivos bem definidos.**

Para começar, é preciso ter uma conta comercial, pois é nesse tipo de conta que se consegue ver dados do público e fazer anúncios, além de criar catálogos de produtos nativamente. Você verá tudo sobre anúncios-catálogos no próximo capítulo.

A seguir, apresento catorze dicas superpráticas para você aumentar suas vendas no Instagram:

1. **Receba direct**: leve as pessoas que veem seus stories para a direct. Os gatilhos mentais são muito úteis para aplicar essa dica, porque os stories naturalmente são breves, duram apenas 24 horas.

   Ou seja, sua audiência já está consumindo um conteúdo curto (atualmente, cada story tem limite máximo de 15 segundos) e em uma área da rede social em que uma publicação dura, no máximo, um dia.

   Veja este exemplo prático e inspire-se:

   Os vinte primeiros que me enviarem mensagem por direct receberão um e-book gratuito!

   Essa dica vale para quem vende tanto produtos quanto serviços. Aplique essa dica sempre com ética. Quando as vinte primeiras pessoas enviarem mensagem, tire *print* e a publique nos stories para comprovar que a oferta já se encerrou.

   Assim, você é transparente com o público e ainda mostra que, realmente, as pessoas se interessam pelo seu produto ou serviço. Isso vai estimular seus seguidores a ficarem de olho nos seus stories, ansiosos pela próxima oportunidade.

2. **Publique ótimas fotos**: isso é essencial, principalmente, para quem vende produtos físicos. Se você vende sapatos, por exemplo, não informe apenas em texto que ele está disponível em diversas cores. **Faça um carrossel e um catálogo com os sapatos em todas as cores.**

   Aproveite também para mostrar os benefícios que seu produto ou serviço agregam à vida de quem consome sua marca. Estimule que os clientes compartilhem depoimentos sobre você. Isso ajuda muito a sanar eventuais objeções do público.

3. **Contextualize suas fotos**: está provado que fotos contextualizadas fazem vender mais do que fotos do produto isolado.

   A foto precisa ter uma ligação clara com o uso no dia a dia de quem quer comprar. Portanto, crie conexões com o *lifestyle* das pessoas. Por exemplo, se a sua marca vende roupas e calçados de praia, faça fotos dos seus artigos em contexto de praia.

4. **Foque em exclusividade**: planeje ofertas exclusivas somente para seus seguidores no Instagram.

   Crie um calendário bem definido de quando você fará essas ofertas e informe à audiência. Dessa forma, seus seguidores ficam sabendo em qual dia e horário as ofertas são publicadas nos stories.

   Um exemplo prático para inspirar você: a Fabulosa Ideia atendeu a Compujob, loja de informática em Porto Alegre, e nós tínhamos uma editoria fixa chamada Oferta da Hora. Todas as quartas-feiras, a CompuJob publicava nos stories produtos com 50% de desconto.

Fazendo isso, a marca apostou em gamificação para agilizar a tomada de decisão dos seguidores. Essa estratégia também foi ancorada pela teoria do *agenda setting*, pois a audiência sabia que era preciso conferir os stories da CompuJob todas as quartas para comprar produtos de informática com preços incríveis por tempo limitado.

5. **Aposte no *Close Friends***: o *Close Friends*, ou Melhores Amigos em português, é uma funcionalidade muito propícia a gerar a ofertas exclusivas.

   Faça as pessoas pedirem para entrar em sua lista de Melhores Amigos. Dessa forma, você pode oferecer exclusividade a quem mais se interessa pela sua marca.

   Além da exclusividade, essa funcionalidade é muito boa porque está comprovado que **stories direcionados para os Melhores Amigos têm maior alcance que stories convencionais**. Isso porque houve um *opt-in*, ou seja, a pessoa pediu para fazer parte dessa lista, e você, marca, a inseriu lá. Então, nada mais justo do que o Instagram facilitar que seu conteúdo seja visto!

   Tenha em mente que essa estratégia é importante para marcas com mais de 20 mil seguidores, porque isso gera, de fato, a exclusividade. Uma coisa é você ser uma das poucas pessoas entre 20 mil seguidores a receber ofertas por estar na lista de Melhores Amigos, outra é ser uma das poucas pessoas em um universo de 500 seguidores.

   Se você é uma marca pessoal, como um consultor, você pode, inclusive, cobrar as pessoas para que elas façam parte dos seus Melhores Amigos.

   Você pode usar a ferramenta Monetizze (www.monetizze.com.br), que é similar à Hotmart, para gerar o boleto e enviar às pessoas interessadas em fazer parte da sua lista. Assim, você consegue gerenciar os pagamentos e a inclusão/exclusão de seguidores nos Melhores Amigos.

Se você não tem certeza se haveria interessados em fazer parte da sua lista, pergunte-se: por que alguém gostaria de fazer parte dos seus Melhores Amigos?

Então, procure responder de modo realista ou, melhor ainda, identifique junto ao seu público o que mais gera valor a eles, para que isso seja intensificado nesse ambiente exclusivo.

Você precisa gerar **conteúdo relevante e exclusivo mesmo** para essas pessoas que estão pagando para estar ali. É uma ótima forma de criar uma espécie de **clube de assinaturas** usando a estrutura do Instagram e integrando uma plataforma que gerencie pagamentos.

6. **Crie *voucher* para influenciadores**: ao trabalhar com influenciadores, uma ótima escolha é gerar *voucher* ou cupom de desconto para melhor mensurar as vendas que vierem por causa desses profissionais.

7. **Invista em marketing de afiliados**: outra ótima opção para mensurar resultados e expandir seu poder de vendas sem precisar contratar uma equipe para isso. É bastante indicado para e-commerce e produtos digitais.

Marketing de afiliados é quando você contrata pessoas do nicho da sua marca para que elas vendam seus produtos ou serviços. Os rendimentos dos afiliados ocorrem por comissão a cada venda feita pelos links divulgados por elas.

8. **Listas:** uma vez por semana ou por mês, faça uma lista dos produtos mais vendidos no seu site ou na sua loja física.

Se você é do mercado imobiliário, uma excelente abordagem é listar os bairros em que mais imóveis foram comprados no mês, ou então o estilo de imóveis mais comprados no mesmo período.

Se você é uma marca de roupas, foque nos tipos de looks mais comprados pelos seguidores.

Transforme em lista tudo o que puder ser transformado. Lembre-se dos carrosséis e da leitura escaneada!

Uma alternativa que pode ser explorada por todos os mercados de produtos e serviços é listar tendências. Nós, seres humanos, adoramos seguir tendências. Informá-las faz sua buyer persona perceber sua marca como autoridade legítima.

Gosto tanto de listas que você está lendo uma agora mesmo! Já usei esse recurso muitas vezes aqui no livro, e ainda usarei outras. Também costumo trazer essa abordagem no meu Instagram, **@terradorafael**. Conte-me por lá se listas facilitam o seu consumo de conteúdo.

9. **Ofereça combos**: sempre que possível, agregue alguma gratuidade às vendas de seus produtos ou serviços.

Realizo um curso chamado Social Media Camp, em que abordo todas as redes sociais de modo imersivo durante quatro dias. Naturalmente, é um curso com ticket médio alto porque tem muito valor agregado. O que eu faço para gerar mais vendas é oferecer dois meses de consultoria gratuita por WhatsApp para todos os alunos que compram esse curso.

Isso faz com que a pessoa perceba mais valor ainda e não foque tanto no preço, que, sem o combo, ela poderia considerar caro.

10. **Live vendedora**: faça uma live na véspera de anunciar um novo produto ou serviço. Na metade da transmissão, informe que as pessoas que enviarem direct receberão

desconto para adquirir o produto que será lançado no dia seguinte.

Essa estratégia é sensacional porque:

- Atrai pessoas em função do desconto oferecido;
- Agrega valor a quem entra em contato;
- Utiliza os gatilhos mentais que geram urgência.

Isso potencializa vendas em qualquer segmento! E, de novo, é mais uma forma de levar as pessoas que engajam com seu conteúdo para sua direct, reforçando para o algoritmo que sua conta gera conversas de valor!

11. **Faça sorteios que convertem**: essa dica é uma das minhas favoritas porque não é tão intuitiva, mas é muito eficiente!

Realize sorteios sem se esquecer das pessoas que não ganharam.

Por que isso é importante?

Vamos supor que você sorteou um produto novo da sua marca e que houve apenas um ganhador. Outras 999 participaram e ficaram de mãos vazias.

Como transformá-las em compradoras?

Envie direct uma a uma oferecendo um desconto atrativo para gerar conversão. Afinal, o interesse delas você já conseguiu, e elas já estão cientes das qualidades do que você sorteou.

Exemplo de abordagem:

Vi que você participou do sorteio, mas infelizmente não ganhou. Por isso, vim aqui lhe dar 30% de desconto para você conseguir comprar o produto que estava desejando.

Percebeu o valor dessa interação? Eu iria adorar receber uma oferta de valor depois de não ter sido sorteado!

Lembre-se de não enviar mais do que cem mensagens a cada 3 horas para que o Instagram não considere sua conta spammer e não lhe dê *shadowban*. Vá com calma!

12. **Desperte o interesse com vídeos**: vídeos são o abre-alas. Não são tão bons para vendas, mas são ótimos para, futuramente, direcionar anúncios a quem assistiu ao seu conteúdo.

    Quando você faz um vídeo de 1 minuto e muitas pessoas assistem a ele do início ao fim, isso é ótimo por ser uma clara manifestação de interesse! Hoje em dia, tudo é efêmero, a tomada de decisão das pessoas no feed ocorre em 1 segundo. Por isso, segmentar anúncios de venda (foto + preço) para quem se engajou com seu vídeo é uma estratégia muito efetiva!

13. **Mescle conteúdo de valor com venda**: gere valor no(s) card(s) e aposte em venda na legenda. Por exemplo: traga no card uma dica de look, e na legenda foque em *call to action* (CTA) para compra.

14. **Respeite a ordem natural**: sem conteúdo relevante, sua marca nunca vai vender bem. Primeiro, você precisa gerar valor aos seguidores, para só depois, efetivamente, convertê-los em clientes e fidelizá-los.

    Um case muito interessante para você conhecer é o do brasileiro Mairo Vergara **(@mairovergara)**. Ele é o cara que mais vende curso online no Brasil! Apesar dos números surpreendentes, poucas vezes no ano ele investe em discurso de vendas. Na maior parte do tempo, produz conteúdo e gera necessidade na audiência, que compra muito nas poucas oportunidades em que ele abre vendas.

CONTEÚDO E FERRAMENTAS PARA CONQUISTAR ENGAJAMENTO NO FEED

Todos os outros recursos do Instagram são importantes para construir uma presença relevante e vendedora.

Mas é pelo **conteúdo no feed** que você fará crescer seu número de **seguidores compradores!**

Costumo dizer que, no feed, somos o Super-Homem; nos stories, o Clark Kent. Isso porque no feed fica o seu **histórico de publicações**. Ou seja, é nele que as pessoas podem encontrar toda a presença da sua marca no Instagram. Nos stories, as publicações são efêmeras, pois duram apenas 24 horas.

Um fator que potencializa o engajamento e, consequentemente, agiliza o crescimento do número de seguidores é a produção de conteúdo de nicho. Mas atuar em nicho não é a única forma de crescer. Se você encontrou um nicho, fale com esse segmento sem medo. Lembre-se das editorias para não falar sobre tudo sem foco algum.

Não canso de dizer que as marcas não podem ser informativas no Instagram: precisam, na verdade, *engajar*. Não seja a marca institucional chata que só informa e não gera relacionamento.

Um erro muito comum e que não ajuda em nada no engajamento é usar banco de imagens, especialmente para celebrar alguma data comemorativa. Isso só gera publicações sem emoção e sem fortalecer vínculos.

É fundamental aproximar a data ao que você vende. Contextualize seu conteúdo e dê um tom de conversa.

Um case de que gosto bastante: a Fabulosa Ideia trabalhou por muitos anos com a Sanremo, uma marca supertradicional que vende potes e acessórios plásticos para cozinha. No Dia dos Pais de 2018, nós contextualizamos a mensagem de amor dentro dos potes, destacando que o amor não cabe dentro deles.

Portanto, vá além das felicitações por datas e contextualize suas publicações para gerar valor e/ou emoção à sua buyer persona.

Tenha em mente que as publicações que mais recebem engajamento possuem pessoas reais no conteúdo e que não são fotos de banco de imagens. Se possível, siga a dica que mencionei no capítulo anterior e contrate um fotógrafo instagrammer para contextualizar os produtos da sua marca.

Se você quer conhecer melhor o que um instagrammer faz, tenho uma dica: siga **@shortstache**. Ele consegue pôr uma mensagem na foto e, por isso, considero um case muito interessante no qual se inspirar. Veja se faz sentido para a sua marca inserir informação de modo sutil na foto, pois as pessoas salvam o que elas querem comprar em algum momento ou o que gera valor a elas.

Outras características para você considerar ao produzir conteúdo:

- **Edição sutil tende a ter mais engajamento.** Isso não significa que se o seu público aceita bem fotos altamente editadas, a sutileza não vá dar certo. Pelo contrário, se você é do ramo da fotografia, por exemplo, pode vender algo relacionado, inclusive, às técnicas de tratamento de imagem. Aí, em situações como essa, não há como evitar edições muito perceptíveis.

- **Post precisa ser relevante.** Não trabalhe com promessa de conteúdo. O que seria uma promessa? Dizer que há post novo no seu blog. Já dê algum conteúdo na legenda, no card e/ou no carrossel. Se a informação for impactante, ela precisa estar no(s) card(s)!

- **Cards com muita edição gráfica e sem informação não engajam.** De novo: dê conteúdo relevante já na arte, não prometa entrega de valor somente se a pessoa sair do Instagram para ler algo no seu site.

- **Publicidade não gera engajamento.** Conteúdo publicitário é mais bem aproveitado nos stories. No feed, não gera praticamente nada de engajamento. Lembre-se da regra 80/20.

Permita-me contextualizar essa conversa para alguns nichos que atendo com frequência em consultorias e cursos que ministro.

Atenção se o seu nicho é moda, arquitetura, turismo e gastronomia!

O perfil da sua marca tem de ser recheado de ótimas fotos.

Moda: a buyer persona quer ver foto de calçado, look completo, blazers... enfim, foto de produto em um **contexto que gere conexão** com a audiência!

Arquitetura: foque muito em **antes e depois**. Ou compare objetos com diferentes composições. Por exemplo, fotos de um mesmo móvel com decorações diferentes.

Turismo: pense na mesma lógica que você segue ao escolher hotéis. Depois de escolher a localização, o que as pessoas avaliam junto ao preço é a **qualidade das fotos** para ver se a estrutura é bonita e de acordo com as expectativas.

Quando você fizer uma pausa na leitura, olhe que incrível o case **@moradadoscanyons!** É um primoroso trabalho fotográfico feito por instagrammer profissional que aposta na construção de perfil sem cards.

Gastronomia: comemos com os olhos. Portanto, o olhar fotográfico precisa ser apurado para dar água na boca – não da sua, e sim da sua buyer persona!

Para quem vende serviço, como eu, a nossa entrega maior **tem de ser conteúdo relevante.** No meu caso, por exemplo, trabalho conteúdo com a minha imagem ou alguma foto que represente o conteúdo.

AS PALAVRAS MÁGICAS PARA PERSUADIR A BUYER PERSONA

Agora, vou lhe mostrar as palavras mágicas que mais persuadem o público e tornam nosso trabalho no Instagram muito mais fácil. Essas palavras fazem a audiência prestar mais atenção, reter a informação e permanecer mais tempo no conteúdo.

Jamais pense em produzir conteúdo relevante sem usar ao menos uma delas!

Mais

Afinal, queremos sempre *mais*! Exemplos de como você pode usar na prática:

> Cinco dicas para você ter **mais qualidade de vida.**
>
> Oito dicas para você ter **mais retorno financeiro.**

É interessante também usar o *mais* junto de uma relação inversamente proporcional:

> Dez dicas para você perder **mais** peso em **menos** tempo.

Artigos *A* e *O*

Comece o seu título com esses artigos:

> As três ondas do marketing digital.
>
> O post ideal para o seu Instagram.

O uso do artigo exclui todas as demais possibilidades. Você está dizendo: caro leitor, isso aqui não é qualquer coisa. Você transmite a ideia de que o conteúdo é **único**.

E o que é único nos faz reter mais atenção!

Nunca / Jamais

Nunca compre seguidores.

Jamais faça isso no seu Instagram.

Lembra que nós, humanos, não queremos sofrer o que já sabemos que outras pessoas e empresas sofreram? Então, *nunca* e *jamais* ligam um sinal de alerta no cérebro. Corremos do sofrimento!

Fácil

Dizem os cientistas que, historicamente, o que as pessoas mais querem é **facilidade**. Isso porque, na época dos homens das cavernas, os seres humanos poupavam energia para caçar grandes e perigosos animais. Os estudiosos apontam que esse comportamento persiste até hoje. Isso explica o motivo de muitas pessoas resistirem a atividades como ir à academia.

Portanto, aposte na palavra fácil!

Comprovado

Esse termo gera muito engajamento, mas tenha **ética** e utilize-o somente em situações que, de fato, foram comprovadas.

Exemplo:

> COMPROVADO: MARCAS QUE USAM ESSA ESTRATÉGIA NO INSTAGRAM TÊM 40% MAIS VENDAS.

A chamada gera atenção, mas não entrega a fórmula comprovada. O restante do conteúdo irá revelar o que foi comprovado.

Completo

Nosso cérebro aceita muito bem o que garante ser *completo*.

Você sabe o que mais é *completo*? Este livro que você tem em mãos!

Percebe como o uso da palavra é estratégico e desperta interesse na buyer persona?

Não esqueça: tenha ética. Pesquise bem antes de garantir que sua solução é realmente completa.

Pesquisei muitas referências brasileiras e estrangeiras antes de poder afirmar que, sim, este livro e meus cursos online e presenciais são completos.

Novo

Você já deve ter reparado que, até aqui, já falei muito sobre novidade, então faz total sentido usar o termo *novo*. Afinal, adoramos novidade!

Agora

Aposte no imediatismo.

Grátis

Esse é um dos termos favoritos da maioria das pessoas. Afinal, quem não gosta do que é graça, certo? Especialmente em tempos de crise.

Por isso, agregue algo gratuito a seu produto ou serviço para que sua buyer persona fique ainda mais interessada em comprar sua solução.

Imagine

Imagine um gato cor-de-rosa.

Quando alguém fala para imaginarmos alguma coisa, nosso cérebro automaticamente atende o pedido. Isso é muito bom para você pôr nos seus cards do Instagram. *Imagine* é a minha palavra mágica favorita.

***Imagine* se você não tivesse comprado este livro?** Veja quanta estratégia você estaria deixando de aplicar no seu negócio!

Seis aplicativos gratuitos que facilitam a produção de conteúdo

Sempre deixo claro que considero este o cenário ideal para trabalhar nas redes sociais: ***juntar os conhecimentos de profissionais de social media com designers.***

Os *social media* planejam o conteúdo e escrevem os textos, para que os designers traduzam visualmente, com infografia e/ou fotos da melhor forma possível, a estratégia definida no planejamento.

Entretanto, sei que essa pode não ser a sua realidade. Então, separei seis aplicativos para facilitar seu dia a dia no Instagram:

Canva: app que lhe permite criar layouts do zero ou usar uma série de templates prontos e gratuitos. É possível integrar infografia, fotos e vídeos aos seus conteúdos. Disponível para Android, iOS e Desktop (www.canva.com).

Canva Stories: aplicativo da mesma empresa da dica anterior, mas focado exclusivamente em temas para criação de stories diferenciados. Disponível para Android, iOS e Desktop (www.canva.com).

Repost: o Instagram ainda não tem um botão para compartilhar publicações no feed. Entretanto, o Repost é um dos aplicativos existentes para terceirizar essa finalidade. Disponível para Android e iOS.

Snapseed: um poderoso editor de fotos criado pelo Google e cheio de recursos que facilitam o dia a dia tanto de quem conhece pouco de fotografia quanto de fotógrafos profissionais. Disponível para Android e iOS.

InShot: um editor de vídeo simples e intuitivo que permite fazer desde cortes simples a edições mais elaboradas com temas e filtros prontos. Disponível para Android e iOS.

Enlight Videoleap: editor profissional de vídeos com alguns recursos gratuitos. Pode ser útil para quem deseja uma alternativa ao InShot. Disponível para iOS.

TRINTA MODELOS DE CONTEÚDO COM ALTO ENGAJAMENTO NO INSTAGRAM

É referência que você quer, @? Então aqui há trinta!

Trago tantos exemplos porque é interessante você fazer sua buyer persona perceber que sua marca tem consistência. Esses modelos específicos de conteúdo ajudam muito para tornar a execução ainda mais fácil.

Além de facilitar, esses modelos comprovadamente geram bastante engajamento em um cenário de consistência. Por isso, escolha pelo menos cinco desses para trabalhar todas as semanas.

1) Dica rápida

Dê uma dica sem tirar a pessoa do Instagram, com poucos cards e uma legenda objetiva. A dica precisa ter relação com a sua expertise e ser do interesse da sua buyer persona. Procure trazer algo que seu público ainda não saiba.

2) Bastidores da sua marca

As pessoas amam bastidores! Se você vai fazer uma live, tire a foto de como foi a transmissão ou do seu ambiente preparado para o seu momento diante da câmera.

É bem legal mostrar os bastidores porque pode acontecer de você não ter os recursos profissionais para fazer uma live, de modo que tenha de fazer a criatividade fluir, solucionando as limitações com um gatilho para prender seu celular, por exemplo.

Não tenha vergonha e mostre isso! O inusitado, o engraçado e a criatividade geram alto engajamento.

Outras formas de mostrar os bastidores é focar em quem faz sua empresa existir. Histórias desse tipo rendem muito!

3) Posts nostálgicos

Nostalgia vende bastante!

Aproveite a **#tbt** para engajar com nostalgia. Conte como você começou, como era sua primeira sede, seu primeiro escritório, sua primeira palestra, seu primeiro dia de aula... Tenho certeza de que sua história é muito rica!

4) Boas frases de impacto

Não seja uma conta sem personalidade e que fala de tudo.

Aposte em frases de impacto para a sua buyer persona e que tenham relação com o seu nicho de mercado.

Quem faz isso muito bem é a *Forbes*, publicando principalmente pela manhã para motivar a audiência.

> **Forbes**
>
> "O verdadeiro empreendedor tem a habilidade de acertar o alvo que ninguém vê e não aquele que todos enxergam"
>
> BRIAN ROBERTS
> CFO da Lyft

Valorize também suas próprias fotos, seja de você, dos diretores ou dos funcionários da sua empresa.

Uma conta que trabalha bem a junção de informação com frase de impacto é o jornal *O Estado de S. Paulo*. Dessa forma, a conta estimula o engajamento, muitas vezes porque há polêmica envolvendo questões políticas, então quem sai ganhando é o jornal por receber muitos comentários.

5) Listas

Elas de novo! Listas são tão efetivas que você está lendo uma agora mesmo. Sempre que possível, eu transformo meus conteúdos em listas!

Lembre-se da leitura escaneada.

6) Possibilidades de uso

Muito adequadas principalmente para quem trabalha nos ramos de arquitetura, design de interiores e moda. No caso de marcas de vestuário, pegue uma peça de roupa e transforme-a em três possibilidades diferentes de *look*.

Desse modo, você não satura sua audiência martelando produto e o transforma em conteúdo que engaja!

7) Inclusão da marca aos assuntos do momento

Anote aí: **Google Trends** (trends.google.com) é a bíblia de quem trabalha com conteúdo na internet. Você consegue ver o que as pessoas no Brasil e no mundo já estão falando para decidir em quais conversas sua marca vai entrar.

Outra ferramenta que ajuda muito é o UberSuggest (neilpatel.com/br/ubersuggest).

8) Marcações

Quando as pessoas se marcam, sua marca recebe *leads*.

Faça cards com perguntas ou conteúdos que gerem pertencimento e peça a marcação de pessoas. Contas que vivem publicando memes fazem isso muito bem. Por exemplo:

Marque aquele amigo que chorou com você vendo este filme.

9) Votações

Além de gerarem engajamento, votações também permitem que sua marca conheça melhor os seguidores e suas preferências, inclusive sobre seu próprio produto.

10) Antes e depois

As pessoas amam isso! Especialmente se você trabalha em arquitetura e estética.

Se você é das áreas de estética e medicina, tenha cuidado: recorra a esse modelo apenas como conteúdo informativo, orgânico, pois os Conselhos vetam publicidade paga nesse tipo de abordagem.

Comparar o antes e o depois mexe com o imaginário das pessoas, muitas vezes estimulando sonhos. Ou seja, gera conexão.

Com frequência, compramos serviços graças à capacidade de execução dos profissionais. Então, não é apenas para quem vende serviços visuais, mas também para quem gera resultados.

Aposte nessa abordagem se você presta consultoria ou trabalha com marketing, por exemplo. Conte sobre aquele trabalho em que você pegou uma marca com 5 mil seguidores e, em três meses, elevou para 20 mil. É um ótimo antes e depois! Valide seu trabalho por meio de dados.

11) Passo a passo

Como fazer alguma coisa. É o famoso *how to*. O próprio termo **passo a passo** também é muito bom para ser usado nos conteúdos do feed.

12) Quebra de regras

- Publique uma foto de cabeça para baixo;
- Faça uma arte que mescle foto e vídeo;
- Use o aplicativo Layout, do próprio Instagram, para uma construção diferente;
- Faça um vídeo de trás para frente.

Esses são só alguns exemplos. Deixe a criatividade fluir!

Pense em como quebrar as regras de modo a gerar engajamento alinhado aos seus objetivos de negócios.

13) Bom humor / memes

Quando falamos em conteúdo relevante, muitas vezes pensamos que é conteúdo sério, sisudo. Mas não é verdade. Lembre-se da sua brand persona.

> **perrengue_chique**
> Ibiza, Spain
>
> "Não é possível. Meus dólares já acabaram e ainda estamos no meio da trip"
>
> Saudades de falar isso

Um case muito divertido é o **@perrengue_chique**. O foco da conta é falar de viagens de maneira descontraída. A marca se tornou influenciadora de viagens usando memes e humor.

Só se tornou influencer porque consegue gerar informação relevante e relacionamento com bom humor. Então, se tornou uma marca lembrada para publieditoriais nesse segmento.

14) Foco nos olhos

Você conhece a teoria Eye Tracking? No marketing, estudos defendem que o ser humano foca no olhar das pessoas que estão em fotos publicitárias.

Invista em fotos que foquem no seu olhar, principalmente se você é uma marca pessoal, profissional liberal ou representa um negócio com mais pessoas. Mescle sua foto com conteúdo de texto junto à sua foto, além de complementar a informação na legenda do post.

15) Curiosidade

Adoramos passar a saber o que não sabíamos. Tenho um amigo que é engenheiro agrônomo. Mesmo o universo dele não sendo o meu foco no Instagram, eu o sigo e aprendo com ele coisas que me deixam pensando "caramba, é sério?".

Isso é gerar curiosidade.

Uma coisa que aprendi com a conta dele é que as minhocas nunca serão extintas, porque elas deixam um ovo na terra quando morrem. Você sabia disso?

Pense em curiosidades dentro do seu nicho, pois isso gera muito engajamento e retenção!

Não é à toa que existem canais no YouTube e programas de TV, como o *MythBusters* [Caçadores de mitos], que bombam justamente por compartilhar curiosidades e desvendar mitos.

16) IGTV com título e legenda

Quando você publicar no IGTV, insira uma prévia do conteúdo no feed e use título e legenda. Nas próximas páginas, falaremos exclusivamente sobre conteúdo para IGTV, mas já guarde essa informação.

17) Posts interativos

Ponha um fato já no card e um espaço para o coração no centro da imagem, com a instrução "toque duas vezes se você concorda". Você estimula a ação do usuário que irá curtir seu conteúdo ao tocar duas vezes na imagem.

Gosto dos conteúdos do **@marcelokimuradesign**, um designer que trabalha muito bem estimulando interação, principalmente com carrossel que mescla fotos e vídeos. É uma ótima referência para pensar no design dos seus conteúdos!

18) Datas comemorativas

Lembre-se do *agenda setting* e antecipe contextos.

O Twitter, anualmente, lança um calendário de datas comemorativas. Baixe a versão mais atual para você identificar como pode inserir sua marca nessas datas comemorativas e de eventos.

Quem também faz um calendário similar é a Serasa Experian.

19) Artes com fundo branco

As artes com fundo branco geram mais engajamento porque passam um conceito mais arrojado em que seu conteúdo se mistura visualmente com o fundo do aplicativo.

A maioria das pessoas usa o Instagram padrão, com fundo branco, mesmo atualmente sendo possível usar a versão escura do app. Portanto, é uma dica bastante válida!

20) Infográfico

Transforme dados e pesquisas em infográficos. Uma ferramenta que pode ajudar você nisso é o Infogram (www.infogram.com).

Quem faz isso muito bem é o Rafael Kiso, fundador da mLabs.

21) Textão

Achava que textão é sempre ruim? Que nada! Se você trouxer informações relevantes, contar uma boa história, estimular sentimentos e dividir bem os parágrafos para tornar a leitura escaneada, as pessoas encaram textão!

Faça uma conexão entre o que vai no card e a legenda extensa.

22) Carrossel

Se você me segue no **@terradorafael**, sabe bem que carrossel é o meu xodó. Invisto muito em conteúdos assim, pois é o tipo que mais rende salvamento, além de ser ótimo para produtos e serviços!

Quanto mais conteúdo tiver no carrossel, mais as chances de o conteúdo ser salvo. Isso porque as pessoas vão perceber que há muita informação e vão salvar o post para consultá-lo com calma depois, ou até como fonte de inspiração e referências.

23) Concurso cultural / Instamission

Abordei bastante esse tópico no capítulo de estratégia, apenas trago novamente nessa lista para reforçar que rende muito engajamento!

24) Conteúdo contextualizado

Sobre esse item, também falei bastante quando abordei produtos contextualizados, como roupas de praia em um ambiente praiano.

Mas nem só de produto vive o conteúdo contextualizado.

Veja que legal o case da **@okacoliving**, um conjunto habitacional compartilhado, que neste post transmitiu um conceito de proximidade.

Perceba como a palavra *junção* no card está totalmente conectada com as pessoas próximas em um ambiente aconchegante. Tudo isso faz ainda mais sentido com a legenda da publicação.

25) A história da foto

Conte o que você estava passando no momento da foto.

Vou narrar um caso pessoal: em maio de 2019, celebrei meu aniversário no Japão. Meu sonho era ver uma cerejeira florida, só que a época que elas florescem é entre fevereiro e março. Só fui encontrar uma bem florida numa cidadezinha chamada Fukuyoshida, aonde me desloquei para ver o Monte Fuji.

Pensei: o que posso contar para o meu público com essa história?

Se houvesse várias cerejeiras florindo pelo Japão, eu não teria dado valor a essa cerejeira específica. Então, contei toda essa jornada.

26) Fotos e vídeos com clientes

Todo registro com seus clientes é importante. Aposte em contar histórias com videocases, seja você uma marca pessoal, empresarial, de produtos ou de serviços.

27) Exibição de ferramentas

As pessoas que admiram sua marca confiam em você. Mostrar as ferramentas que você usa para fazer o trabalho que os seguidores amam é uma forma de gerar humanização.

Aqui, cabe uma dica para quem quer ser influenciador: as marcas não vão começar a lhe enviar produtos se você nunca falou sobre marca alguma. Portanto, comece a falar sobre marcas, cite produtos que você usa. Dê antes de receber.

28) Compartilhamento de conquistas

Gostaria que você parasse por um instante e pensasse: quais foram as suas publicações que mais renderam engajamento?

Aposto que foi quando você se formou, se casou, seu bebê nasceu, ou você fez a viagem dos sonhos.

Se as pessoas o seguem, é porque a maioria já gosta de você! O foco desse tipo de conteúdo não é para esnobar, e sim para comemorar com a audiência.

Não precisa necessariamente ser uma realização ou um bem material. Pode ser até mesmo um livro que você terminou. Após a leitura, tire uma foto do livro em suas mãos e publique no seu Instagram pessoal falando sobre seus aprendizados.

Depois me conte como foi o resultado no **@terradorafael**.

29) Animais fofos

Fotos de animais geram muito engajamento porque as pessoas amam bichos. Se seu negócio é *pet-friendly* ou tem um *pet day*, aproveite isso como conteúdo, inclusive para reforçar sua reputação!

30) Projetos e planos

Aqui é mais um caso de storytelling.

Compartilhe seus planos. Mostre que você está engajado para conquistar um propósito. Quando dividimos algo com o mundo, o universo conspira a nosso favor. É a premissa do livro *O segredo*, bem verdadeira!

Seu *prospect* pode estar vendo e, por você ter compartilhado seus planos, a pessoa decide convidá-lo para um novo projeto. Não ignore as oportunidades e as vendas que podem surgir!

Dica extra: cultura selfie

Um bônus sempre é bem-vindo, não é mesmo? Sabendo disso, trouxe mais uma dica.

Sua foto não precisa estar perfeita se contar uma boa história.

Se você fez um evento presencial, não espere pela foto profissional que o fotógrafo ainda irá editar. Se não tiver como receber foto assim que acabar o evento, faça você mesmo uma selfie que registre você e o público presente.

A cultura selfie é focada no *real-time*. Aposte nela!

CONTEÚDO E FERRAMENTAS PARA CULTIVAR RELACIONAMENTOS NOS STORIES

Encerrei o item anterior falando do *real-time*. E começo o tópico sobre stories já falando sobre tempo real.

Os usuários amam ver conteúdo em tempo real e o dia a dia de pessoas e marcas.

No começo do funcionamento dos stories, o alcance era maior do que o feed. Mas, como em tudo nas redes sociais, quanto maior o uso, menor é o alcance. Isso acontece por conta da alta concorrência pela atenção.

Então, em 2020, quando escrevi este livro, o alcance dos stories era menor que o do feed, e a tendência era que continuasse assim.

Apesar de o alcance ser menor, não é por isso que não iremos usar esse rico recurso!

Nos stories, estamos mais livres para mostrar quem realmente somos, sem a necessidade de uma edição maravilhosa, de um vídeo perfeito, de uma arte incrível. Mais livres, mas obviamente **com estratégia.**

Aproveite os stories para produzir conteúdo colaborativo entre seus funcionários e/ou clientes da sua marca. Crie momentos em que você entrega a conta para quem faz o dia a dia da sua empresa, ou consome sua marca, gerar conteúdo nos stories. Quem faz isso muito bem é o Youpix **(@instayoupix)**, que, a cada sexta-feira, deixa os stories sob responsabilidade de um produtor de conteúdo diferente.

Dezessete principais erros que pessoas e marcas cometem nos stories e que você não deve cometer

Você já percebeu que erros ensinam tanto quanto (ou até mais do que) acertos, pois as pessoas fogem do que possa causar problemas e sofrimento. Por isso, separei dezessete erros que você não pode cometer nos stories da sua marca.

1) Iniciar os stories sem foto

Seu primeiro post das 24 horas precisa ser um vídeo com seu rosto.

Faça o teste: num dia, publique uma foto. No outro, comece com um vídeo seu falando com a sua audiência.

Veja a diferença nos resultados e me conte no **@terradorafael**.

2) Não mostrar seu rostinho

Eu, muitas vezes, não gosto de me ver nos vídeos, mas publico mesmo assim porque sei que o conteúdo tem valor para quem me segue. Não se preocupe tanto com comentários sobre "essa pessoa só quer aparecer".

A verdade é que hoje só vende quem aparece.

Então, não há nada de errado em aparecer. Errado é quem quer vender e não aparece. Esqueça uma crítica pessoal que eventualmente possa acontecer, pois ela não leva a nada. Vídeo é importante para agradar ao algoritmo, e você aparecendo irá humanizar sua marca empresarial.

3) Publicar quando dá na telha

Quanto menos stories você fizer, menos você vai aparecer para a audiência. Ou seja, você não vai ser lembrado nem pelo algoritmo, nem pelas pessoas. Por isso, publique diariamente.

4) Usar stories como se fosse feed

Parece óbvio escrever isso, mas faço questão de reforçar que stories não é feed porque não se deve entregar todo o conteúdo num único story.

Se for trabalhar com lista, divida o conteúdo em uma sequência de stories. Os stories são tutorial: gostamos de tocar na tela para segurar e pausar o conteúdo, ou para avançar ao próximo e ver o fim da história.

Use um GIF ou o recurso de desenhar flecha da própria plataforma de stories para indicar que há mais conteúdos a seguir que complementam o vídeo atual.

5) Não usar enquete

Lembre-se do combo perfeito: ***iniciar o dia com um vídeo seu e uma enquete.***

Assim, você agrada ao algoritmo duas vezes, pois mostra seu rosto e recebe interação das pessoas.

6) Usar os stories como uma ferramenta isolada

Leve as pessoas para a direct, para o IGTV ou para o seu site (se sua conta tiver habilitado o link por ter mais de 10 mil seguidores).

7) Economizar na criação de stories

O ideal é criar, no mínimo, quinze stories por dia.

Procuro fazer o mais próximo disso, em geral mantendo uma média de dez por dia. As pesquisas também apontam que, do primeiro ao último story das últimas 24 horas, a taxa de retenção é de 80%. Isso é muito bom!

Lembre-se de dividir os stories de 3 em 3 horas.

8) Focar em levar as pessoas dos stories para o feed

Isso está mais difícil, porém o contrário é mais fácil. Por exemplo: se você vai fazer uma sessão de perguntas e respostas nos stories, publique um card no dia informando que, à noite, você responderá a dúvidas.

Apesar disso, essa regra tem uma exceção boa para quem trabalha com conteúdo visual, como fotógrafos.

Muitos profissionais de fotografia publicam no feed e compartilham o post nos stories, inserindo uma tarja ou algo que impeça a visualização parcial ou total da imagem, informando que há um novo post no feed. Desse modo, eles geram curiosidade no público dos stories, que escolhe ver o conteúdo no feed.

9) Não possuir direitos autorais dos conteúdos de áudio

Evite mais de 30 segundos de músicas com direitos autorais. O Instagram respeita os direitos autorais, e caso identifique uma música, mesmo que ao fundo, pode penalizar sua conta.

10) Não cuidar das bordas

Evite pôr enquete muito perto das bordas, pois é mais provável que ocorra algum voto equivocado.

11) Inserir interações próximas à base

Fica impossível interagir se a caixa de mensagem estiver por cima.

12) Sobrecarregar um único story com texto

Apesar da possibilidade de pausa, ou também de tirar print da tela, evite textão! Nem todo mundo sabe usar essas funcionalidades. Então, se a informação é muito densa, as pessoas acabam passando reto sem consumir tudo o que você publicou.

Tente sempre dividir sua informação em diversos stories. Eles são o lugar de textos objetivos!

13) Não usar hashtags

Traga nova audiência ao seu perfil usando hashtags!

14) Não usar gifs

Use gifs para chamar atenção ao assunto principal, mas lembre-se de não exagerar.

15) Não legendar seus vídeos

Sempre que possível, legende seus vídeos ou insira textos para informar o assunto que está sendo abordado.

16) Fazer textos difíceis de ler

Evite texto com baixo contraste. Mantenha alto contraste entre a cor do texto e a cor do plano de fundo para tornar suas palavras visíveis.

17) Não posicionar a CTA com estratégia

Atente-se à posição da *call to action* (CTA). Deixe sua CTA próxima ao polegar para maximizar o número de cliques.

A "ANATOMIA" DO STORY PERFEITO E A TÉCNICA A.I.D.A.

Lembra que eu falei sobre o conteúdo relevante ser mais importante do que a qualidade estética da foto? Em 2020, fiz alguns testes desenhando e tirando foto dos meus desenhos simples. Obtive resultados incríveis!

O que mais bombou foi este a seguir, que detalha a "anatomia" do story perfeito. Recebi mais de 1.600 enviar por stories, para você ter uma ideia do engajamento!

CAPÍTULO 2 ◆ CONTEÚDO RELEVANTE NO INSTAGRAM

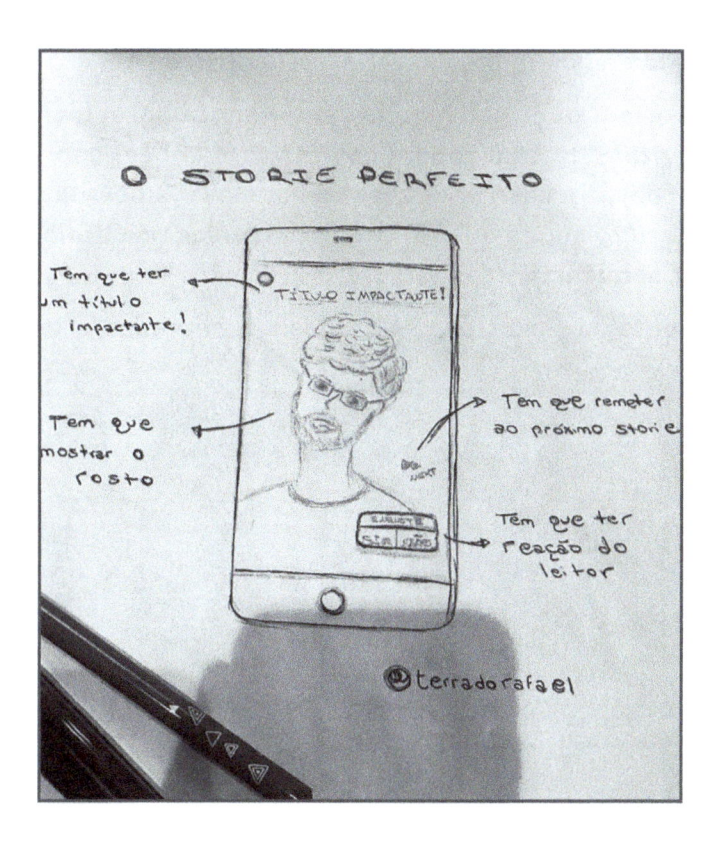

O story perfeito precisa:

- Ter um título impactante;
- Mostrar seu rosto;
- Remeter ao próximo story;
- Estimular a reação dos usuários.

Agora que você conhece bem a estrutura dos stories que engajam, vamos falar sobre stories vendedores. Aposto que você estava querendo muito chegar nesta parte, não é?

Os stories que convertem em vendas precisam ter **copywriting** de qualidade. *Copywriting*, também conhecido como *copy*, é a escrita persuasiva para levar a pessoa a uma ação (*call to action* – CTA). **Use essa técnica no último story de sua sequência.**

Você potencializará os resultados ao entender a técnica A.I.D.A.

Atenção

Interesse

Desejo

Ação

1º story: atenção

Faça uma chamada que gere curiosidade e prenda a atenção das pessoas.

Exemplo:

> VOCÊ SABIA QUE 50% DOS EMPRESÁRIOS NÃO FAZEM *INBOUND MARKETING*?

O primeiro story é o momento oportuno para fazer uma pergunta com um dado muito impactante.

2º story: interesse

É quando você traz uma informação que complementa a chamada de atenção.

Exemplo:

> O *INBOUND MARKETING* É O CASAMENTO ENTRE MARKETING E VENDAS, QUE HOJE É A MELHOR ESTRATÉGIA PARA OS EMPRESÁRIOS VENDEREM MAIS.

Ou seja: você começa a falar sobre o que vai vender no último story.

3º story: desejo

Momento de lançar a oportunidade!

Exemplo:

> PENSANDO NISSO, ACABEI DE LANÇAR UMA CONSULTORIA FOCADA EM *INBOUND MARKETING*.

4º story: ação

Estimule a ação usando gatilhos mentais.

Exemplo:

> MAS, NESTE MOMENTO, EU SÓ TENHO COMO ATENDER **OS VINTE PRIMEIROS** QUE CONTRATAREM A CONSULTORIA.
> E OS VINTE PRIMEIROS QUE ENVIAREM DIRECT PARA CONTRATAR TERÃO **50% DE DESCONTO** PARA FECHARMOS NEGÓCIO HOJE!

Isso é muito bom para lançamento de produtos e serviços.

Aplique e depois me conte no **@terradorafael**.

Recursos para estilizar seus stories e potencializar resultados

Filtros

Os filtros são recursos bem interessantes que variam entre cores, estilos, temas, humor e interação.

Escolha filtros que tenham relação com a sua *brand persona*. Se sua marca se caracteriza pelo bom humor, foque em filtros que façam as pessoas se divertirem.

Os stories aparecem em meio ao feed já com um destaque do que você postou. Então, essa é uma ótima forma de você se destacar. Se usar um filtro diferente, isso irá motivar as pessoas a se engajarem.

Perguntas

Use a figurinha de perguntas pelo menos uma vez por semana, pois ela gera proximidade e uma relação quase de afeto para ajudar as pessoas que têm dúvidas.

Layout

Ótima ferramenta dos próprios stories capaz de engajar por meio da novidade. Você pode fazer conteúdos que mesclem fotos e vídeos, por exemplo, usando uma disposição diferente para o seu conteúdo e chamando mais atenção das pessoas.

Reels (antigo Cenas)

Tudo o que é bom é copiado. O Mark Zuckerberg está sempre de olho na concorrência e, às vezes, se inspira nela, outras vezes copia na caradura.

O Reels é uma cópia do TikTok, mas ainda é um recurso menos popular que os stories. No Reels, você pode dublar vídeos, acelerar e diminuir a velocidade, e usar outras funcionalidades para trabalhar vídeos.

Lembre-se da regra: quanto menos pessoas usam recursos de uma rede social popular, maior é o alcance. Portanto, o Reels pode ser sinônimo de oportunidade para sua marca.

Stickers

Fique de olho nos stickers (figurinhas) dos stories.

Normalmente, a cada lançamento de sticker, o Instagram é bem generoso no alcance dos stories. Na fase de quarentena durante a pandemia da Covid-19, o Instagram lançou a figurinha **Em Casa**, e no começo destacou todos os stories que usavam essa figurinha num único story de mesmo nome, que ficava em primeiro lugar no topo do app.

Testes

Use a figurinha de testes para gerar interatividade, fazer jogos e até mesmo apresentar curiosidades e histórias da sua marca por meio de quiz.

Exemplo: sua marca está prestes a comemorar aniversário, então você pode perguntar para a audiência quantos anos vai celebrar. As pessoas adoram interagir com quiz. Isso aquece o algoritmo e ainda é uma forma de informar algo sério de maneira descontraída.

É o fator gamificação!

Contagem regressiva

Muito útil especialmente para fazer uma live!

Informe nos stories e use essa figurinha, pedindo que os usuários toquem nela para ativar o lembrete. Assim, quando você começar sua live, eles são notificados tanto pelo lembrete quanto pelo início da transmissão. Dobre as chances de ter seguidores na live!

Termômetro

Recomendado principalmente para quem trabalha com produto. Assim, as pessoas informam se gostaram ou não do que você compartilhou.

Gifs

Use gifs que complementem o que você está falando. Por serem animados, eles chamam atenção e tornam seu conteúdo mais dinâmico.

Template

Faça um template de algo assinado pela sua marca, com o @ do seu usuário. Esse formato estimula as pessoas a compartilharem o conteúdo nos stories.

Por exemplo: bolão do Oscar. Você pode dar um template de bolão pronto para que as pessoas publiquem as apostas em seus stories. Isso ajuda muito a sua marca a ganhar exposição.

Tutorial

Passo a passo para ensinar alguma coisa ou contar uma história. Muito eficiente para mostrar antes e depois.

Repostar o que o seu seguidor fez

É importante republicar o que os seguidores fazem, mas não tudo!

Pode acontecer de alguma pessoa fazer uma postagem sem noção e não alinhada aos objetivos da sua marca, mas, mesmo assim, marcar a sua conta. Nesses casos, não a compartilhe.

Visualizar recompartilhamentos nos stories

Em cada publicação, vá em ... > **Ver recompartilhamentos do story**, e você conseguirá visualizar todas as contas públicas que compartilharam seu conteúdo de feed nos stories.

```
Excluir

Ver recompartilhamentos do story

Arquivar

Desativar comentários

Editar

Copiar link

Compartilhar em...

Compartilhar

Cancelar
```

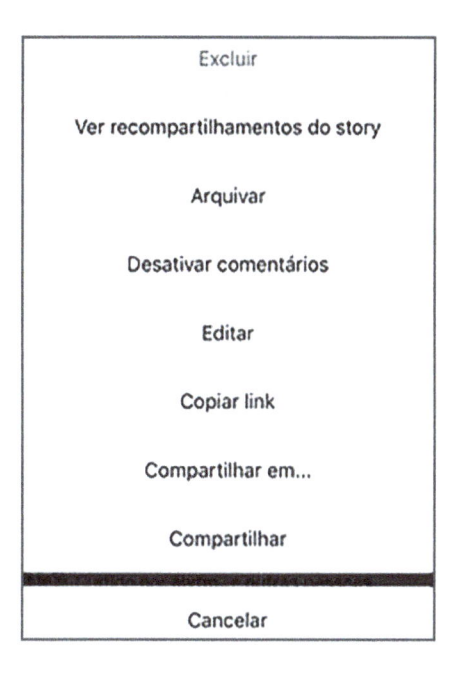

É uma ótima métrica para ver como seu conteúdo de feed gera conteúdo para as pessoas nos stories.

Às vezes, as pessoas não o marcam, mas estão falando sobre você nos stories!

Essa funcionalidade só aparece em publicações que tenham sido compartilhadas nas últimas 24 horas em contas públicas.

Fale sobre outras marcas

Use os stories para falar sobre outras marcas e pessoas do seu nicho de mercado ou com as quais você gostaria de fazer alguma parceria. Marque o @ delas, assim, há mais chances de a pessoa ver seu conteúdo e recompartilhá-lo. Isso gera comunidade!

Destaques

Abordei os destaques no primeiro capítulo, mas não custa lembrar: se o seu conteúdo está gerando valor, insira-o também nos Destaques.

Dicas de aplicativos para melhorar a estética dos stories

Adobe Spark Post: edição e colagem de fotos. Disponível para Android e iOS.

Unfold: diversas fontes e templates, muito bom para marcas elegantes. Disponível para Android e iOS.

Video Splitter: ótima opção para cortar vídeos extensos. Se você subir um vídeo longo nos stories, o Instagram cortará no máximo quatro stories de 15 segundos cada. Esse app é útil se você precisar cortar vídeos de duração maior que 1 minuto. Você também pode editar cada fatia diretamente no app.

Clipomatic: gera legendas automáticas. Disponível para iOS.

Vue: acelera vídeos extensos. Bem legal para fazer *time-lapse* nos stories, um conteúdo com uma pegada mais inovadora. Disponível para iOS.

Gostou do conteúdo sobre stories? Tire uma foto do seu momento de leitura e me marque no **@terradorafael**. Vou adorar saber o que você está achando e que já aplicou uma parte dos conhecimentos adquiridos até aqui.

Agora que você percorreu a sequência de conteúdos para gerar relacionamentos via feed e stories, convido-o a uma breve reflexão.

Se você quer no Instagram:

Compartilhamentos: faça conteúdo com um posicionamento forte ou dica inovadora.

Salvamentos: crie conteúdos longos e muito relevantes para sua audiência.

Directs: use os stories com perguntas oferecendo grande benefício.

Vendas: investa grana em anúncios, pô!

Curtidas: pouco importa, desencane!

CONTEÚDO E ESTRATÉGIAS PARA LIVES DE SUCESSO

Engana-se quem pensa que não há estratégia por trás da realização de lives. Há, sim, e muita! Desde a divulgação até o pós-transmissão.

Atualmente, as lives no Instagram duram, no máximo, 1 hora. Um contador regressivo fica visível na tela de quem iniciou a transmissão e, assim que decorrer 1 hora, a live é encerrada automaticamente. Ao término, o Instagram oferece a possibilidade de você salvá-la de modo permanente no seu IGTV (antes era nos stories, com visibilidade limitada pelas próximas 24 horas).

Se for o caso de a sua transmissão durar mais que 1 hora, perto do encerramento você precisa avisar sua audiência que irá iniciar uma nova live. Peça para que as pessoas entrem na nova!

Portanto, não saia simplesmente fazendo uma live sem nenhum preparo nem aviso prévio para a audiência. Senão, você só vai gastar tempo e ter pouquíssimas pessoas online, e ainda com quase nenhuma chance de reter o público do início ao fim.

Veja a seguir doze estratégias para sua live ser vendedora e gerar engajamento!

1) Construa a live a partir de um assunto importante para a sua buyer persona

Lembra-se da dor de benzetacil?

Foque nas dores do contexto atual da sua buyer persona. Por que digo *contexto atual*? Porque isso pode mudar conforme os acontecimentos do mundo.

Por exemplo, quando vivemos a pandemia da Covid-19, fiz muitas lives falando sobre como ser estratégico num momento de crise e cheio de incertezas. Era uma dor muito forte, principalmente para outros profissionais de marketing digital e comunicação.

2) Escolha um título para as lives que remeta a essa dor do público

Por exemplo:

> Os dez erros que você não pode cometer durante a crise da Covid-19.

Isso gera um pensamento, uma atenção, liga aquele sinal de alerta: *opa, o que será que são esses erros? Eu não quero cometê-los.*

Um exemplo que liga esse alerta no público-alvo de nutricionistas poderia ser:

> Os dez erros que estão impedindo você de perder peso.

3) Prepare sua audiência com, no mínimo, três dias de antecedência

Lembre-se do *agenda setting*. Sempre que fizer stories para divulgar a transmissão, use a figurinha de contagem regressiva para que as pessoas ativem o lembrete.

Antecipe a pauta para as pessoas se agendarem, ainda mais se for um momento cheio de lives. Invista em anúncios para gerar interesse em mais pessoas da sua base de seguidores e do seu nicho de mercado.

Se for o caso de você fazer uma série de lives na mesma semana, aí pode ser com menos antecedência, para não saturar seu conteúdo com um monte de avisos a cada live.

4) Informe a sua audiência em diversas plataformas

Não limite a divulgação da live apenas para sua audiência no Instagram. Conte para quem o segue em todos os canais: LinkedIn, Facebook, Telegram, e-mail marketing... tudo é válido!

Dê motivo para as pessoas de outros canais seguirem sua marca no Instagram.

5) Escolha um bom horário

Historicamente, o melhor horário para fazer lives é às 20 horas.

Tenha em mente que questões sazonais podem afetar a atenção das pessoas e, até mesmo, gerar uma saturação de lives. Digo isso porque, durante a fase de quarentena na pandemia da Covid-19, o horário das 20 horas saturou de lives, então muita gente ficou sem saber a que assistir do início ao fim.

No fim de março, inclusive, aconteceu de o Instagram passar por instabilidade nesse horário justamente pelo excesso de lives simultâneas.

O melhor dia para fazer lives é domingo.

O pior, quarta-feira, porque é um dia tradicional para o futebol na TV, então a atenção de boa parte do povo brasileiro se volta para o esporte.

A menos que sua buyer persona não goste de futebol, nem seja um dia com um jogo de muita importância, aí o movimento contrário, de fazer live na quarta, pode ser uma boa estratégia. Vai muito do conhecimento da sua buyer persona e do engajamento que sua conta recebe.

6) Inicie a live com 5 minutos de antecedência

Sua base de seguidores é notificada pelo Instagram quando você inicia um vídeo ao vivo. Mas nem todo mundo entra logo de cara.

Quando você inicia a live pontualmente no horário definido, as pessoas vão chegando atrasadas. É quase como uma aula presencial em que muitos se atrasam por causa do trânsito, sabe?

Por isso, comece um pouco antes, vá conversando com as pessoas que chegaram junto com você e, após 5 minutos, inicie o conteúdo no horário combinado.

Nessa parte inicial, vá quebrando o gelo, pergunte de onde as pessoas são e o que mais for interessante para sua marca. Assim, você vai conhecendo mais detalhes da sua audiência.

7) Fixe um comentário com o tema da sua live

Assim que você iniciar a transmissão, comente no chat o tema da live e selecione a opção para fixar o comentário. Desse modo, todas as pessoas que entrarem saberão o que está sendo abordado.

8) Planeje a pauta

Tenha todo o seu assunto estruturado para evitar brancos e também para dar mais fluência à transmissão.

Pense em maneiras de reter a atenção das pessoas do início ao fim!

Se for vender algo, faça-o quando a live estiver na altura da metade, nunca no começo. Vá gerando interesse das pessoas.

Um esquema eficiente para organizar sua transmissão é o seguinte:

- Comece dando boas-vindas;
- Pergunte de onde as pessoas são;
- Faça uma introdução sobre a importância do assunto que você vai tratar;
- Faça um "contrato" com sua audiência explicando em que momentos você vai responder a perguntas (se durante a transmissão ou ao final, você dedicará um tempo só para isso);
- Inicie o conteúdo planejado;
- Na metade da live: no caso de lançamento de produto, aproveite esse período para fazer o anúncio e indicar a vantagem que sua marca dará para quem está assistindo.

Uma dica boa também é, no meio da transmissão, perguntar se as pessoas têm interesse em receber desconto em algum produto ou serviço e, ao final, depois que elas se engajarem respondendo que sim, você anuncia que vai dar o desconto.

Portanto, não fique enrolando as pessoas para depois fazer live. Gere conteúdo relevante!

Lembre-se de que não há problema vender em lives!

9) Publique no feed no mesmo dia para avisar sobre a live

Se a sua live é à noite, publique às 12 horas para lembrar sua audiência sobre a transmissão.

10) Vá lembrando diariamente sobre a live nos stories

Use a figurinha de contagem regressiva para que as pessoas ativem o lembrete e sejam avisadas também desse modo quando a live estiver prestes a começar.

11) Salve a live no IGTV

O ideal é que as pessoas consumam a live enquanto ela acontece, certo? Mas cada um tem sua rotina, e imprevistos acontecem. O importante mesmo é que o conteúdo seja consumido!

Então, salve sua live no IGTV ao encerrar a transmissão. Faça, inclusive, download da live após salvá-la no IGTV. Um site que faz isso é o SaveIGtv (saveigtv.com), mas como o Instagram vive mudando sua API e bloqueando fontes externas, pode ser que, quando você estiver lendo este livro, essa opção já não esteja mais funcionando.

Se esse for o caso, procure no Google que, certamente, achará uma nova opção de como fazer o download.

Feito o download, divulgue o vídeo em outros canais seus para aumentar o engajamento.

12) Pense em formas de aumentar o engajamento da live

Crie uma boa interação com os seguidores para que eles compartilhem a live nos stories.

Informe um código durante a live e peça para que as pessoas, ao fim da transmissão, lhe enviem o código por direct para que você dê o desconto prometido. Lembre-se de tudo o que o algoritmo gosta para criar a solução mais adequada à sua marca!

CONTEÚDO E FERRAMENTAS PARA BOMBAR SEU IGTV

Chamo o IGTV de *YouTube para o Instagram* porque foi a forma que Mark Zuckerberg escolheu para tentar pegar audiência do YouTube.

Apesar de copiar o YouTube, o sistema de anúncios dentro do conteúdo para gerar monetização a produtores de conteúdo ainda está sendo testado enquanto escrevo este livro. Os testes iniciais indicam que a receita gerada com anúncios em vídeos do IGTV será dividida da seguinte maneira:

- 55% para quem produz conteúdo;
- 45% para o Instagram.

Entretanto, como são testes que começaram a ocorrer somente em 2020, no momento em que você estiver lendo, pode ser que a monetização definitiva esteja em vigor para todo o mundo e o cenário seja diferente. É preciso ficar de olho.

Reforço: sempre que o Instagram lança um novo recurso, ele valoriza o alcance. O IGTV segue com um bom alcance, então não fique muito tempo planejando, aproveite essa onda antes que o Instagram deixe de valorizar esse conteúdo.

A "anatomia" do IGTV perfeito:

1. Título impactante: lembre-se das palavras mágicas;
2. O vídeo em si, centralizado, com conteúdo relevante;
3. Legenda no vídeo: é necessária porque pesquisas mostram que os vídeos, muitas vezes, são consumidos sem áudio;
4. Assinatura com @ no rodapé. É a oportunidade de conquistar novos seguidores.

O IGTV PERFEITO

- aproveite os demais espaços para personalizar
- NÃO SE ESQUEÇA DO TÍTULO IMPACTANTE
- vídeo centralizado
- preocupe-se em deixar o título e o vídeo dentro de um quadrado centralizado para preservar as informações que devem sempre aparecer.
- lembre-se da importância de legendar o seu vídeo
- aproveite os demais espaços para personalizar

Outros pontos importantes que você precisa saber:

Duração

O vídeo precisa ter, no mínimo, 1 minuto, e no máximo, 60 minutos de duração para ser publicado no IGTV. Isso pode mudar, mas, no momento da escrita deste livro, em 2020, esses eram os limites.

Capa do IGTV

Você pode usar como capa um pedaço do vídeo ou subir uma imagem no momento de publicá-lo. Sugiro que você suba uma capa para ter uma informação que complemente o título. Estimule o engajamento com essa informação adicional.

Link clicável

Na descrição do IGTV, é possível inserir link clicável, que fica acessível quando a prévia do vídeo é aberta. Isso, para quem quer vender, é ouro!

Vídeos populares

O aplicativo do IGTV mostra vídeos que estão bombando naquele momento de acordo com a atividade da sua conta. É uma ótima forma de ajudar sua marca a conhecer o que players do seu mercado estão fazendo com sucesso, para entender o que gera atenção.

Lembrando que não é para copiar. Ah, e use hashtags no IGTV, pois esse recurso funciona. Mais adiante trarei o guia definitivo para criar sua estratégia de hashtags.

IGTV e stories

Mesmo que você não possua 10 mil seguidores para ter habilitado o link nos stories (também conhecido como arraste para cima), você consegue linkar vídeos do seu IGTV nos seus stories. É um recurso bem interessante!

Séries do IGTV

As séries do IGTV são um recurso que permite agrupar conteúdos de um mesmo tema em listas. Quando o usuário vai na aba IGTV, ele consegue filtrar por séries ou ver o conteúdo na ordem do mais recente ao mais antigo.

∿∿ **INSTAGRAM MARKETING** ∿∿

O exemplo a seguir é do **@gui**, o criador dos divertidos vídeos dublando áudios da mãe, Dona Silvana, usando *animojis* (as cabeças de emojis disponíveis nos iPhone mais modernos).

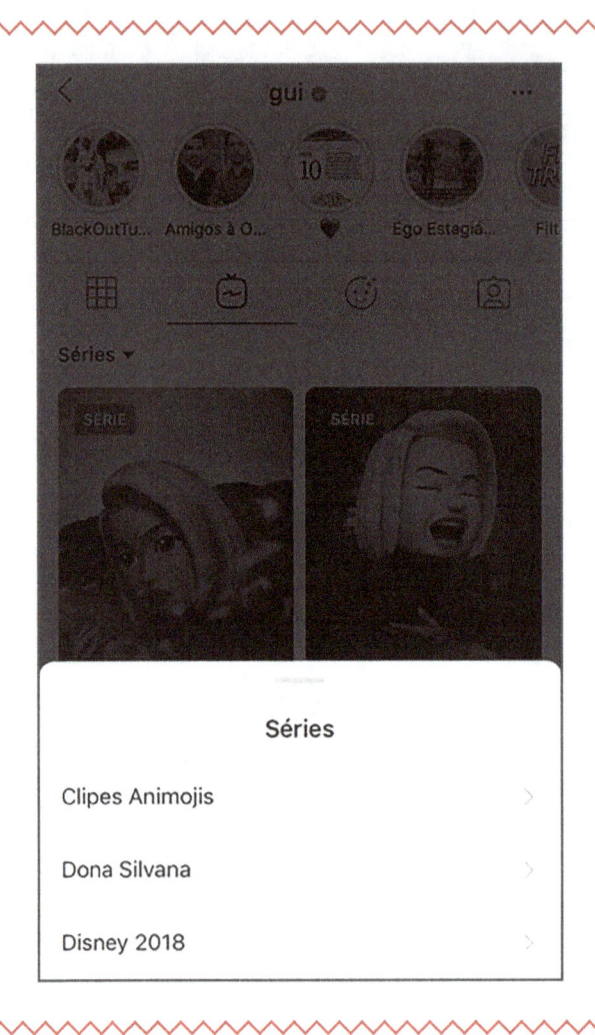

QUATRO PILARES PARA CONTEÚDO DE SUCESSO NO IGTV

1) Conteúdo nugget

São vídeos relevantes editados a partir de conteúdos longos como de lives e YouTube, para ficar com uma duração mais curta, normalmente de, no máximo, 5 minutos.

2) Séries

Assim como a série de lives, também é interessante criar seriados no IGTV e usar o recurso séries para organizar o conteúdo. É a teoria do *agenda setting* presente mais uma vez. Dessa forma, você estimula os usuários a acompanhem seu conteúdo com recorrência.

Use a criatividade e crie um storytelling que engaja!

3) Tire dúvidas

À medida que você produz conteúdo relevante, as pessoas começam a enviar dúvidas em comentários e direct. Isso serve de base para você fazer vídeos no IGTV respondendo a perguntas.

A dúvida de uma pessoa pode ser a mesma de outras dez que ainda não compraram de você porque tinham alguma objeção.

4) Bastidores

Por fim, mais uma vez os bastidores, para chamar atenção da buyer persona instigando curiosidade e mostrando sua marca como ela é. É bem interessante você mesclar séries e tirar dúvidas dos consumidores enquanto exibe os bastidores do seu negócio!

Volte algumas páginas para relembrar os trinta modelos de conteúdo no feed, pois as dicas também são muito ricas para o IGTV!

RANQUEAMENTO NO IGTV

Você já ouviu falar em Search Engine Optimization (SEO)?

O SEO é a técnica para otimizar conteúdos nos buscadores a partir de palavras-chave. O sucesso orgânico no Google e no YouTube é baseado nas melhores práticas de SEO. Entretanto, ambas as plataformas estão saturadas, e é cada vez mais difícil conseguir o topo das buscas sem que se invista em anúncios.

Mas ainda há muitas oportunidades para ranquear bem no IGTV!

Para conquistar o topo das buscas, produza conteúdos usando palavras-chave relevantes para o seu nicho já nos títulos.

Exemplo de título:

Nutricionista em Porto Alegre.

Comece a fazer conteúdo sobre seu segmento e os assuntos mais básicos relacionados ao que sua marca vende.

Não tenha a síndrome do especialista!

O que é isso?

Muitas vezes, as pessoas acreditam que precisam falar *somente* sobre tendências e ter *insights*. Fazendo isso, você acaba falando apenas com seus concorrentes e com uma parcela muito pequena que tem conhecimento sobre seu nicho.

Minha amiga, meu amigo: a realidade é que a maior parte da sua buyer persona não sabe o básico.

Por isso, é fundamental sanar as dúvidas de quem compra de você, mesmo que sejam dúvidas básicas.

Independentemente da plataforma, às vezes quem produz conteúdo fica na paranoia de querer se destacar como especialista trazendo só o que é novidade e superavançado, mas se esquece de responder ao que é mais básico, a principal dor da audiência.

Sanar as dores da buyer persona é o que vai tornar a sua marca relevante.

Quem compra sua marca não é o seu concorrente, e sim o seu cliente.

Dicas rápidas de aplicativos para otimizar sua presença no IGTV

Antes de citar algumas dicas, sempre deixo bem claro de que eu, **@terradorafael**, e a Fabulosa Ideia não usamos nenhum desses aplicativos porque trabalhamos com profissionais especializados em edição de vídeos e pós-produção. Sendo assim, esses profissionais usam o Final Cut, editor de vídeos da Apple.

Porém, todo mundo começa do zero, e você pode ainda não estar em condições de montar uma equipe ou contratar profissionais terceirizados.

Por isso, aqui vão algumas dicas de apps que facilitam o seu dia a dia produzindo conteúdo.

Aplicativos para inclusão de legendas nos vídeos

- InShot (Android e iOS);
- Clipomatic (iOS);
- Clips (iOS);
- Autoclip (Android).

Observações: o Clips e o Autoclip necessitam de um certo cuidado no uso, se a fala for muito rápida, o aplicativo se perde e não legenda de modo correto. Então, se você for usar um desses dois que faz legenda automática, procure testar falando pausadamente até achar o ritmo que fique confortável para você e o aplicativo legende sem erros.

Edição de vídeo e formatação para IGTV

- InShot (Android e iOS);
- Mojo (Android e iOS).

COMO CRIAR LEGENDAS MATADORAS PARA ENGAJAR A AUDIÊNCIA

Contexto é a palavra de ordem para legendas matadoras nas publicações. Contextualizar a foto ou o vídeo é sempre um fator importante para engajar a audiência.

Separei cinco regras que considero fundamentais para ajudar você a prender a atenção das pessoas e persuadi-las para conquistar seus objetivos.

1) Contextualizar

Nunca é demais reforçar a importância da boa contextualização. Contextualize seu conteúdo com o que está acontecendo na cidade, no estado, no mundo.

Leve em conta o momento em que o seu cliente receberá o post no feed.

2) Transmita a voz da marca

Lembra-se do planejamento? É aqui que você vai aplicá-lo. Fale a sua linguagem. Isso significa saber se você vai dizer *obrigada* ou *obrigado*, por exemplo. A voz varia com a personalidade na qual a empresa ou a pessoa quer passar a longo prazo.

3) Foco no impacto

Comece com um fato muito impactante. É o que chamo de *soco de informação*.

Use termos como *urgente*, *leia isso agora*, *você precisa saber disso*. Trabalhe essa chamada para a novidade em CAIXA-ALTA, mas somente nas três primeiras palavras, no máximo.

4) Fortaleça sua comunidade

Para quem você está dirigindo o post? Tenha isso muito nítido no seu planejamento para gerar o senso de pertencimento.

5) Gere conversas de valor

Encerre a legenda de suas publicações estimulando um comentário, perguntando a opinião dos seguidores, pedindo um depoimento, um relato ou marcação de amigos. Obviamente, não faça isso em todos os posts, para não saturar o estilo de seus posts e não se tornar repetitivo.

MAIS DICAS RÁPIDAS PARA INSPIRAR SEU CONTEÚDO

Chame atenção logo de cara. Foque em algo impactante logo nos primeiros 75 caracteres. Poucas pessoas tocam no "ver mais" que aparece após os 75 caracteres iniciais da legenda, então é preciso chamar atenção já no começo.

Escreva frases autorais. Não fique apenas repostando frases dos outros, porque senão você se torna um mero replicador e não gera autoridade.

Conte a história da foto. Lembre-se do exemplo que citei sobre a minha busca por uma cerejeira no Japão. Agora, se você vende produto, outra boa opção é inverter a lógica. Conte a história do produto ao fotógrafo e peça para ele fotografar de modo que valorize a história. Outra forma é contar os bastidores da produção da foto ou do produto.

Inverta a legenda. Você pode começar a legenda já com uma pergunta para conquistar engajamento nos comentários.

Use emojis. Os emojis transmitem emoções. Aumentar as frases dizendo algo como FELIZÃO também ajuda a gerar emotividade.

Acabe com blocos de texto. Isso não quer dizer para não fazer textão – pelo contrário, textão engaja. O que não engaja são blocos de textos muito extensos. Foque em frases mais curtas para quebrar o textão em vários parágrafos. Use, no máximo, três frases por parágrafo.

Aposte em legenda minimalista. Quando a foto é *muito muito muito boa e marcante*, apenas uma palavrinha fecha muito bem o contexto e traduz seu sentimento. Nesse caso, a foto é que diz praticamente tudo!

Invista em legendas informativas e educativas. Aquilo que a audiência não conhece engaja muito. É o fator novidade mais uma vez em ação.

HASHTAGS: O GUIA DEFINITIVO PARA VOCÊ USAR COM ESTRATÉGIA

Hashtag não salva conteúdo ruim! Essa é a verdade nua e crua.

A principal funcionalidade da hashtag é agrupar um tipo de conteúdo, inserindo-o em uma comunidade. É etiquetar as publicações, indexá-los sob um mesmo "guarda-chuva" e ajudar a dar maior alcance dentro dessa comunidade.

Alguns pontos que merecem atenção:

- Não se pode usar mais do que trinta hashtags, senão a legenda vai ser só hashtags;
- Sua conta não pode ser privada. Caso contrário, você estará usando hashtag em vão;
- Recomendo que você use, no máximo, oito hashtags por post;
- Não use sempre as mesmas hashtags, senão o Instagram pode considerar você um bot.

Marcas podem ter uma hashtag própria. Isso é interessante porque os usuários podem seguir hashtags. Dessa forma, eles podem escolher acompanhar a tag da sua marca, ou do nicho que você trabalha.

Divulgue a hashtag da sua marca em outras frentes de comunicação e nos seus produtos, na embalagem etc. Assim, pouco a pouco as pessoas vão se acostumando a usá-la.

Não há certo ou errado: as hashtags são passíveis de entrar na legenda ou no comentário. No comentário, pode aparentar para o algoritmo que já teve um comentário, e ele entender como engajamento, **mas eu não recomendo.**

Por que não?

Porque fica feio e pode fazer as pessoas olharem para a marca e pensarem que ela mesma comenta as próprias publicações. É a mesma percepção negativa que temos quando vemos marcas curtirem as próprias publicações.

Indico que você esconda as hashtags na legenda. Para isso, faça sua legenda e, ao final, clique três vezes no *enter* para pôr as hashtags ao final.

Quatro pontos para você pensar suas hashtags

1º ponto: hashtags do nicho da sua marca.

2º ponto: hashtag própria da sua marca.

3º ponto: para mim, o mais importante, que é estar de acordo com o tema do post. Ou seja, é uma hashtag que vai variar. Um site que pode ajudar você a conhecer hashtags é o All Hashtag (www.all-hashtag.com).

4º ponto: hashtag da sua localização: cidade, estado ou bairro. Só use hashtag de país se for uma publicação que gere um trânsito de pessoas, como intercâmbio, por exemplo.

VINTE E TRÊS DICAS RÁPIDAS E PODEROSAS PARA CULTIVAR RELACIONAMENTOS E EVITAR CRISES

1. Seja uma marca bem-humorada. As pessoas vão pensar duas vezes em jogar pedra em quem sempre foi legal.

2. Não saber o que esperar do outro é o primeiro passo para cair em crise. Crie "termos de uso para suas redes", com horário de atendimento e tudo o mais que achar necessário.

3. Em mídias sociais: **crise não é caos. É rotina.** O caos paralisa. A rotina prepara para a ação. Elenque todos os problemas que possam vir a ocorrer com seu produto e serviço. Tenha já estratégias para agir rapidamente e resolvê-los. O melhor remédio sempre será a **prevenção**.

4. Errou? Não tem problema. Hoje, vivemos **a era da humanização das marcas**. Se errou, diga o que será feito para solucionar a questão. E vida que segue. Mas jamais apague o histórico, isso irritará as pessoas.

5. Palavras são só palavras, já dizia o poeta. Na crise, faça algo em vídeo ou imagem. Isso provará o que está sendo feito.

6. Ajudar o outro é melhor forma de gerar empatia. Lembre-se disso, sempre!

7. Se alguém usar os comentários no seu Instagram para postar textos preconceituosos ou agressões verbais gratuitas: sinta-se à vontade para deletá-los. Uma coisa é opinião, outra é crime.

8. Pessoas acreditam mais em pessoas, não em logotipos. Se a conversa ficar feia, faça um atendimento personalizado.

9. Fixe o melhor comentário. Esse é um recurso superatual do Instagram, disponibilizado em julho de 2020. Sabe aquela história de a primeira impressão é a que fica? As pessoas tendem a se influenciar pelo que veem logo de

cara. Use essa alternativa em todos os seus posts para destacar um comentário impactante, que fale bem da sua marca, que conte como seu produto ou serviço fez a diferença na vida de quem comentou. Em caso de crise, fixe um comentário que esteja em defesa da sua marca.

10. Sempre que resolver algum assunto no offline, mas cuja comunicação tenha iniciado na web, faça questão de pôr uma resposta aberta fechando o assunto onde a situação começou.

11. Cuidado com promoções e concursos culturais: faça regulamentos, sempre. Pessoas odeiam perder.

12. Cada novo post que você faz reforça a promessa da sua marca, de seus valores. Eles conferem com a realidade? Do contrário, podem ser o estopim de uma crise.

13. Mesmo que não saiba a resposta de imediato: fale com seus consumidores quando estes lhe dirigirem uma pergunta. É melhor dizer que está correndo atrás da resposta do que deixá-los esperando, uma vez que isso pode irritá-los e levá-los a se manifestar publicamente a seu respeito, de forma negativa.

14. A web não mudará o seu produto. Ela apenas irá potencializá-lo, para o bem ou para o mal. Antes de serem crises de redes sociais, algumas podem ser crises de produtos mesmo.

15. Invista em treinamentos internos. Seus colaboradores precisam saber a posição da empresa nas redes sociais. Do contrário: sua própria equipe pode pôr sua empresa em risco.

16. Jamais, de forma alguma, fique na defensiva. Se o cliente está errado, conteste gentilmente mostrando o contrário, mas sempre com fatos. Humildade!

17. Curta todas as menções positivas sobre sua marca. É como um aperto de mão.

18. Use algumas respostas de clientes para iniciar um novo conteúdo, uma conversa. Eles se sentirão valorizados.

19. Ocorreu alguma reclamação? Olhe para ela como uma oportunidade de realizar uma ação resolutiva criativa que passe os valores da sua marca.

20. Tenha pessoas apaixonadas por sua marca, os embaixadores. Eles são como os advogados: se a coisa ficar feia, podem ajudar você com uma visão positiva sobre o seu negócio.

21. Organize um fluxo de comunicação na sua empresa. O *social media* precisa ter todos os contatos. Às vezes, não é o departamento de marketing que terá as respostas certas.

22. Monitore tudo! Do contrário, você só vai saber da crise quando o incêndio já estiver avançado.

23. E não esqueça: dar **verdadeira atenção** é o princípio para resolver qualquer problema.

CINCO FORMAS DE CONQUISTAR LEADS NO INSTAGRAM

Bem, você está a dois passos do capítulo sobre anúncios. Por isso, decidi trazer nesta parte do livro um resumo de alguns ensinamentos, como um aperitivo do que vem a seguir.

1. **Comentários**: faça posts que gerem comentários, perguntas são ótimas para isso. Por exemplo: quando você indaga quem quer determinado produto que está para chegar à sua loja, está criando uma lista de futuros clientes.

2. **Enquetes nos stories**: estratégia similar à anterior, só que aqui você vai usar enquete nos stories para antecipar uma demanda e criar leads.

3. **Direct**: use os stories integrados à direct. Por exemplo: faça um vídeo mostrando algum produto, com uma oferta aos dez primeiros que enviarem uma direct. Isso criará um gatilho de urgência e lista de leads quentes.

4. **Anúncios de leads**: existe um tipo de objetivo de anúncio chamado "Anúncios de Cadastro", que você faz pelo gerenciador de anúncios do Facebook. A partir dele, você pode solicitar o e-mail do seu lead a partir do anúncio.

5. **Integração com o WhatsApp**: isso mesmo, também é um formato de anúncio pago em que seu seguidor clica no seu anúncio de Insta e é direcionado para o WhatsApp. E assim virará lead!

E aí, a inspiração está a mil por hora?

Vou ficar muito feliz se você me contar! Siga-me lá no @terradorafael e me mande uma direct dizendo o que está achando do livro! ;)

Agora, você tem mais um espaço para não perder suas ideias antes de avançar para o próximo capítulo. Portanto, aproveite e anote todas elas!

INSTAGRAM MARKETING

Escreva aqui tudo o que vai tornar seu conteúdo autêntico e vendedor! Quais modelos de alto engajamento você vai usar desde o início? Que hashtags você já definiu?

_____
_____
_____
_____
_____
_____
_____
_____
_____
_____
_____
_____
_____
_____
_____
_____
_____
_____
_____
_____
_____
_____
_____
_____
_____
_____
_____
_____

COMPARTILHE EM SEUS STORIES

NÚMERO DE CURTIDAS NÃO PAGA BOLETO.

APAREÇA PARA O CLIENTE CERTO!

@TERRADORAFAEL

CAPÍTULO 3

ANÚNCIOS NO INSTAGRAM

Tenho certeza de que chegamos ao capítulo que você mais esperava. Acertei?

Bem, vimos dois pilares muito importantes para ter sucesso no Instagram. Só que tudo tem um começo, e o andamento do trabalho varia muito de marca para marca e de nicho para nicho.

Então, como potencializar os resultados e não limitar o alcance médio dos conteúdos a 10% da base de seguidores?

Com anúncios muito bem segmentados!

Como você já viu planejamento e conteúdo no Instagram, tenho convicção de que, até aí, você está indo muito bem. Agora, é hora de levar seu conteúdo a um novo nível – e a novos seguidores compradores!

O foco deste livro é ajudá-lo a ter um negócio rentável, seja você uma marca pessoal, uma empresa com sede física ou um negócio 100% online. Entretanto, nem todo modelo de negócios vive efetivamente de vendas.

O que todos têm em comum é a necessidade de ser rentável, de alguma forma. Explico isso porque gerar tráfego por meio de anúncios não é apenas para quem quer vender.

Por exemplo: se você quer ser uma autoridade e trabalha branding muito bem organicamente, **de que adiantará seus esforços se você sempre limitar seu alcance apenas a quem segue sua conta?**

Você confiaria a saúde financeira do seu negócio a um crescimento baseado em *torcida* para que as pessoas indiquem sua marca a novos seguidores?

Tenho certeza de que você está se capacitando para não depender da sorte!

Estimada leitora, estimado leitor: é preciso entender que o Instagram não lhe deve nada! **O Instagram é mídia.** E, como toda mídia, os melhores resultados acontecem quando as marcas pagam por veiculação.

Em seguida, vou lhe mostrar 22 dicas para planejar estrategicamente. Antes, vou lhe contar uma breve história sobre *a arte da caça.*

Conto essa história não porque seja a favor de caçada (ao contrário, prezo pelos animais e não acho válido matá-los por diversão), mas considero que a analogia contida nela ajudará a entender bem o conteúdo aqui.

O pai fala para o filho: "Joãozinho, hoje nós vamos sair para caçar animais na floresta para o nosso jantar".

*Joãozinho pegou o bodoque dele para caçar animais. O pai, então, diz: "Hoje, não vamos caçar animal nenhum. O que vamos fazer é ficar o dia todo em cima dessa árvore **observando** os animais".*

*Joãozinho perguntou por que, e o pai respondeu: "Para caçá-los, precisamos **conhecer os hábitos** desses animais".*

Por que eu trago essa história curtinha no começo do capítulo?

Porque não adianta nada você chegar à ferramenta de anúncios sem conhecer quem compra sua marca. Os anúncios só vão funcionar se você conhecer dados da sua buyer persona.

Aplique as 22 dicas a seguir para desenvolver uma estratégia vendedora:

1) Conheça os dados básicos da sua buyer persona

- Sexo;
- Idade;
- Escolaridade;
- Cargo;
- Páginas e conteúdos que elas curtem.

Você não será efetivo se não conhecer esses dados.

2) Não anuncie baseando-se em interesses

Segmentar anúncios com base em interesses é rasgar dinheiro!

Vou lhe dar um exemplo que, se você for jornalista, vai entender muito bem.

Se você segmentar anúncios para quem tem interesse em jornalismo, seus conteúdos serão exibidos para pessoas que curtem contas como *Globo*, *Estadão*, *Zero Hora*... Para o Instagram, isso é interesse em jornalismo.

Se você quer atingir exclusivamente jornalistas, precisa direcionar seus anúncios para pessoas com formação em jornalismo e/ou em cargo de jornalista. Esse é o pulo do gato!

Como falei, meu público é muito focado em comunicadores, empresários e profissionais liberais. Ao vender meus cursos e este livro, eu não anuncio para quem tem interesse em marketing.

Sabe por que não faço isso?

Porque, do contrário, pessoas como a minha mãe iriam receber o anúncio, pois ela me segue e segue a conta da minha empresa! Garanto que isso não a torna uma pessoa interessada em comprar produtos relacionados a marketing digital.

É preciso ser muito chato e limitar os dados para o que tem relação com a sua buyer persona.

Sei que isso pode gerar uma frustração no primeiro momento, porque quando você segmenta por interesses, abarcando, assim, um escopo amplo, o gerenciador de anúncios pode indicar que você vai atingir 1 milhão de pessoas. Aí, quando você executa a estratégia que estou ensinando, o número vai reduzir drasticamente e pode apresentar que a estimativa é atingir 10 mil pessoas.

Então eu lhe pergunto: é melhor falar com 1 milhão de pessoas desinteressadas ou falar com 10 mil pessoas que têm relação com o que você está anunciando?

A riqueza do marketing digital é o poder de segmentação. O marketing tradicional lidava com sorte. Aqui, nós lidamos com dados.

Se você conhece seu público-alvo, sabemos como ir atrás dele.

3) Pixel de conversão

É requisito básico que o pixel de conversão do Facebook (que é o mesmo do Instagram) esteja instalado em seu site. Costumo dizer que isso é um aperto de mão entre o seu site e os anúncios do Instagram e do Facebook.

O pixel de conversão é um código HTML – todo gerenciador de anúncios possui um próprio. Você deve baixar esse código e pedir ao desenvolvedor do seu site que instale esse código "atrás" dele, no *backend*.

Para verificar o pixel de conversão da sua conta, acesse:

FACEBOOK.COM/ADSMANAGER

> Gerenciador de anúncios

> Todas as ferramentas

> Gerenciador de eventos

> Pixel (na coluna "mensurar e relatar")

   Clique em criar um pixel

   Adicione um nome e URL (opcional)

Instale o pixel de conversão o quanto antes, pois a cada visitante que entra no seu site sem que o pixel esteja instalado, é mais uma oportunidade perdida de conhecer melhor o seu público!

Só para você ter uma ideia: sabe aquele anúncio de tênis que você visitou uma vez em um e-commerce e, desde então, ele não parou mais de persegui-lo? É esse danado do pixel de conversão que opera isso: o *remarketing*, que você aprenderá a fazer neste capítulo!

O pixel de conversão é tão popular e necessário que, atualmente, diversas ferramentas, como sites no WordPress, Wix, Hotmart, Sympla e tantos outros, já possuem um espaço dedicado à inserção desse código de modo mais prático, muitas vezes sem precisar entender de programação.

4) Teste, teste, teste

Desconfie de quem lhe disser que sua marca precisa investir X para ter retorno garantido de Y.

O primeiro mês é sempre de teste. Comece com um valor entre R$ 500,00 e R$ 1.000,00 para identificar como a audiência se comporta em relação à segmentação e aos criativos dos anúncios. Entenda criativos: as artes, imagens que serão utilizadas. São os testes, especialmente os iniciais, que de fato vão embasar suas decisões. Com o tempo, a estratégia vai ficando cada vez mais refinada, e seus resultados, melhores.

5) Respeite a Lei dos três dias

A ferramenta de anúncios do Instagram e do Facebook é uma inteligência artificial (IA) que vai amadurecendo conforme o tempo. Dia após dia, ela conhece melhor a segmentação que você configurou. Por isso, faça anúncios que permaneçam rodando por, pelo menos, três dias.

Se você faz anúncios com menor duração, a ferramenta vai tentar gastar o dinheiro que você investiu de qualquer jeito, pois não terá a oportunidade de gerar essa inteligência que é necessária.

O ideal mesmo é que você deixe campanhas de anúncios rodando por, no mínimo, uma semana.

6) Anúncio pago também é conteúdo orgânico

Parece confuso, mas veja como é simples: uma pessoa impactada pelo seu conteúdo comenta e marca um amigo. Para quem foi impactado inicialmente, a publicação aparece como patrocinada. A marcação de uma pessoa gera um engajamento orgânico, de modo que seu post ganha vida nova.

Por isso, é muito importante produzir um bom criativo e escrever uma boa legenda para que os anúncios gerem impacto. No caso de anúncios, a legenda também é conhecida como *copy* (de *copywriting*).

7) Like não é métrica de anúncios

Ao fazer anúncios, o que você precisa medir é conversão – em venda, inscrição em formulário, captura de e-mail – e não like. **Curtida é métrica de vaidade.**

Lembre-se de que as pessoas compartilham conteúdo e não publicidade. Como você está fazendo algo dirigido estrategicamente e com um objetivo persuasivo, sua preocupação deve ser convencer a buyer persona, e não receber curtidas.

8) Funil de vendas

No começo do seu trabalho com anúncios, não estará claro qual é o seu funil de vendas. Portanto, não se preocupe. Aos poucos, tudo fica mais evidente.

Com o passar do tempo e com um trabalho consistente, você vai identificar o número de visitantes que você precisa impactar:

- Para gerar x leads (pessoas interessadas no seu produto ou serviço);
- Para gerar y oportunidades;
- Para converter z vendas.

Visitantes

Leads

Oportunidades

Vendas

Você precisa chegar a muitas pessoas com estratégia para gerar venda. Digo com estratégia porque não é para ser 1 milhão de pessoas sem interesse, como o caso que mencionei antes.

Vou fazer uma suposição realista, mas não encare como padrão. Afinal, é apenas um cenário fictício.

1. Seu anúncio é visto por 20 mil pessoas **(visitantes)**;
2. Dessas 20 mil pessoas, 1.500 acessaram a publicação e demonstraram algum tipo de interesse – enviaram e-mail pedindo mais informações, se cadastraram sem comprar, foram até o checkout, mas não concluíram a compra **(leads)**;
3. Dessas 1.500 pessoas, 500 realmente vão ter interesse em comprar após o ponto de contato que tiveram com a sua marca **(oportunidades)**;
4. Após trabalhadas as 500 oportunidades, ou a decisão ter maturado na mente das pessoas, 250 vão efetivamente comprar da sua marca **(conversão)**.

Resumindo, às vezes as pessoas não vendem porque estão chegando para poucas pessoas. Por isso, não recomendo uma estratégia de Instagram sem anúncios.

9) Jamais impulsione pelo botão Promover

Anúncios no Instagram só devem ser feitos pelo gerenciador de anúncios.

Veremos isso na prática no próximo item deste capítulo, mas já tenha em mente que você jamais deve clicar no botão *Promover*.

O botão *Promover* só serve para pessoas iniciantes ou desavisadas investirem dinheiro sem qualquer estratégia. Isso porque ele não tem nenhuma segmentação e se baseia somente em interesses. É totalmente vago.

O Mark Zuckerberg não é bobo, certo? O dinheiro recebido por mídia nas redes sociais dele é uma das principais receitas do Facebook Inc. A existência desse botão é para potencializar os ganhos.

10) Lista fria x lista quente

Lembra que eu falei que o feed é o lugar para engajar com conteúdo relevante?

É nessa etapa do trabalho que tudo fica ainda melhor: a segmentação de anúncio para pessoas que já se engajaram com as suas publicações é uma **lista quente**.

Outros exemplos de lista quente:

- Lista de e-mail;
- Pessoas que já entraram no seu site identificadas pelo pixel de conversão.

Em suma, lista quente é composta por pessoas que já conhecem a sua marca, que você já impactou em outro momento.

Tenha em mente que você *sempre sempre sempre* vai **vender mais** para uma lista quente.

Acredito que você já tenha ouvido falar na diferença entre cliente e freguês. O cliente é aquele que compra uma vez e pode ser que nunca mais volte. O freguês é quem sempre está esperando para comprar da sua marca.

Investir em lista quente é conquistar fregueses.

Agora, quem compõe a lista fria?

Pessoas que não conhecem a sua marca! É um público que você quer atingir, mas ao qual sua marca ainda precisa se apresentar.

É recomendável que você divida seus investimentos em lista quente e lista fria, mas foque em **abordagens diferentes** para cada uma.

Duas regras de ouro: tenha lista de e-mail dos seus clientes e gere muito conteúdo de valor no feed para reimpactar o público engajado.

11) Entenda os dois objetivos: impressão e conversão

Impressão: o Instagram vai mostrar, muitas vezes, o seu anúncio para o maior número de pessoas possível. Indico que você use esse objetivo para direcionar seu conteúdo para **listas frias** de modo a criar reputação com esse público.

Conversão: é a lógica inversa. Seu anúncio aparecerá menos e será focado em pessoas mais selecionadas ainda. O discurso de venda e a *call to action* precisam ser matadores para gerar a venda. Use para **listas quentes**.

Isso vai ficar mais claro a seguir, quando mostrarei, na prática, como executar essa estratégia de sucesso.

12) Imagem vende mais

Vídeos são como abre-alas, para que as pessoas conheçam seu produto ou serviço. São muito efetivos em uma estratégia que envolva, futuramente, segmentar anúncios em imagens para quem assistiu ao seu conteúdo.

Exemplo: no Rio Grande do Sul, realizo um grande evento chamado **Maratona Digital**. Sempre no lançamento da próxima edição, anuncio-a com um vídeo, mostrando como foi o evento mais recente. Dessa forma, começo a gerar o interesse no público.

Depois, rodo campanhas de anúncios com cards para impactar quem se engajou com a publicação de vídeo. Aí, sim, meu foco é gerar venda de ingressos.

Imagens vendem mais porque são superobjetivas.

13) Venda pelo WhatsApp

Se você tem um produto complexo que necessita de mais convencimento ou uma conversa detalhada para que o negócio seja concluído, faça seu anúncio para **levar as pessoas ao WhatsApp**. Imóveis são um exemplo de produto complexo.

A pessoa que vai do Instagram para o WhatsApp se torna um **lead quente**, porque ela realmente está interessada em conhecer sua solução. E o gerenciador de anúncios permite segmentar anúncios usando números de telefone como base.

A longo prazo, você pode trabalhar com esse lead para, futuramente, gerar a conversão, inclusive reimpactando com mais anúncios no Instagram. Por isso é essencial que você **gere cadastros**, seja online, seja no seu estabelecimento comercial, com dados como **e-mail, telefone** e **data de nascimento**.

Muitas marcas fazem anúncios segmentados por signos e data de nascimento. Essa abordagem é efetiva quando se tem um bom sistema de Customer Relationship Management (CRM), pois é possível direcionar mensagens de feliz aniversário, por exemplo.

14) Não tenha o pensamento muquirana

Nunca invista menos que R$ 10,00 por dia. O ideal, na verdade, é investir, pelo menos, R$ 50,00.

Um grande erro de marcas que vendem produtos com um ticket médio elevado é investir pouquíssimo, sem consistência, e depois achar que anúncios no Instagram não funcionam. Imagine ter um produto de R$ 2.000,00 esperando gerar conversão com investimento de R$ 5,00...

Como falei antes, vai ser fazendo testes que você conseguirá identificar qual é o seu cenário ideal. Mas, seguramente, não será com menos de R$ 10,00 por dia. À medida que você for melhorando a performance, deve aumentar o seu mínimo direto.

Por exemplo: você está investindo R$ 50,00 por dia e gerando R$ 2.000,00 de lucro. É importante que não demore a aumentar sua verba, pois se passar a investir R$ 100,00/dia, poderá elevar seu lucro a R$ 6.000,00.

São nesses testes que você vai perceber bem o seu ROI (*Return On Investment*, Retorno Sobre Investimento). No Capítulo 4, sobre métricas, vou tornar toda essa explicação ainda mais fácil e prática.

Mas já adianto aqui que pode acontecer de você:

1. Investir R$ 50,00 e ter R$ 2.000,00 de lucro;
2. Decidir aumentar para R$ 200,00;
3. E ter os mesmos R$ 2.000,00 de lucro.

Isso vai mostrar que você atingiu o **teto do seu ROI**. Então, não precisará pôr mais dinheiro porque seu público não irá converter além disso.

15) As pessoas compram por palavras

Foi-se o tempo em que as pessoas compravam porque a propaganda era bonita, como um comercial de margarina.

As pessoas compram por palavras que prometem benefícios ou transformações de valor. Aqui, fica ainda mais evidente a importância de se estudar *copywriting*, a escrita persuasiva para *web*.

Lembre-se de criar chamadas para ação, a famosa *call to action*, utilizando, principalmente, os gatilhos mentais de urgência e escassez.

16) Instagram é mobile

Estar ciente de que o Instagram é mobile é fazer anúncios adequados para ser vistos em smartphone ou tablet. Portanto, os cards não podem ultrapassar o limite de 20% de textos nas imagens.

Você pode conferir se o seu criativo ultrapassa os 20% de texto no **Facebook Overlay** (https://pt-br.facebook.com/ads/tools/text_overlay). É só fazer upload da peça, e a ferramenta indicará se está ok ou quanto de texto precisará ser reduzido.

Como estamos falando de anúncios, de investimento financeiro, não podemos desperdiçar dinheiro. Criativos com mais de 20% de texto nas imagens têm o desempenho reduzido pelo Instagram, ou seja, chegam a menos pessoas. Portanto, respeite o limite de 20%!

17) Traga alguma informação em texto com pouco contraste

Uma alternativa que muitos designers utilizam para ultrapassar o limite de 20% sem que o Instagram perceba é usar uma fonte suave e numa cor que não gere tanto contraste com o fundo.

O Instagram acaba achando que o escrito faz parte da imagem, que não se trata de texto. É um teste válido para você fazer na ferramenta, caso necessite trazer alguma informação complementar no anúncio sem ser penalizado com a redução do alcance do seu investimento.

18) Respeite a legenda antes do ver mais

Gere impacto nos 75 caracteres iniciais de modo objetivo para evitar que informações essenciais fiquem após o botão *Ver mais*.

19) Informe o preço

Como já falei nos capítulos anteriores, não informar o preço só afasta os possíveis compradores. Portanto, traga o preço no anúncio!

20) Use a geolocalização a seu favor

Aproxime o anúncio do seu cliente. Geolocalize-se!

Se você vende produto físico para pessoas da sua cidade, informe, por exemplo:

PRONTA-ENTREGA PARA SÃO PAULO.

O PRODUTO ESTÁ DISPONÍVEL NA LOJA X.

Se você vende por e-commerce, precisa focar em **FRETE GRÁTIS**:

FRETE GRÁTIS PARA O SUL DO BRASIL.

FRETE GRÁTIS PARA RIO DE JANEIRO E NITERÓI.

Aproxime a oferta da realidade do cliente. Informe meios de contato, além, claro, do preço e das condições de pagamento.

Não esqueça: o que chegou para sua buyer persona é o anúncio, não a bio da sua marca.

21) Publique sua campanha com antecedência

Em média, o Facebook e o Instagram demoram 1 hora para aprovar (ou não) os anúncios. Então, se você quer que o seu anúncio comece a ser veiculado às 20 horas, providencie-o com antecedência superior a 1 hora, se possível no turno inverso, e agende o início da veiculação.

Assim, você tem tempo de efetuar eventuais correções no criativo.

22) Qualidade da página de destino

Cada vez mais o Instagram considera a qualidade da página para onde seu anúncio irá levar as pessoas. É fundamental ter um certificado SSL, que assegura que seu site é seguro, principalmente se você tem e-commerce. O Instagram não roda mais anúncios para sites sem SSL.

Outros pontos que o Instagram analisa é se seu site tem conteúdos preconceituosos, violentos, que incitem o ódio ou possuam conotação sexual. Conteúdos com trilhas sonoras não gratuitas também não são aprovados pelo gerenciador de anúncios.

QUINZE DICAS PARA CRIAR UMA *COPY* VENDEDORA

Para fecharmos sobre conteúdo para anúncios e passarmos a formatos e ensinamentos práticos em relação à configuração de campanhas, trago quinze dicas de *copywriting* para criação de legendas persuasivas e vendedoras.

1) Tudo começa pela bio no Instagram

Crie sua bio de modo objetivo, com emojis para facilitar a leitura escaneada, e com informações de contato ou links para conversão. Esse espaço deve servir para você fortalecer sua reputação e gerar interesse.

2) Crie uma copy master

A *copy master* é uma frase que traduz o que é a sua empresa. Essa dica serve para o Instagram, mas também para a página inicial do site.

Pense a partir de três pilares:

O que a sua empresa faz: seu propósito, a sua entrega para o mundo;

Para quem ela faz: o seu lead, a sua buyer persona;

Como ela faz: o seu diferencial, seu método.

Fazendo uma *copy master*, você facilita que seu lead se enxergue e perceba que seu produto ou serviço é para ele.

Quando alguém me pede uma proposta, apresento minha *copy master*. Deixo-a aqui para você se inspirar com esse modelo prático:

> AJUDO MARCAS A POTENCIALIZAR RESULTADOS NA WEB POR MEIO DE UMA PRESENÇA DIGITAL EFETIVA E RELEVANTE PARA O SEU PÚBLICO.

O que eu faço: ajudo marcas a potencializar resultados na web;

Para quem eu faço: marcas;

Como eu faço: por meio de uma presença digital efetiva e relevante para o seu público.

Mais um exemplo para servir como referência, especialmente se você é especialista em marketing digital para o mercado imobiliário:

> AUMENTO LEADS PARA EMPRESAS DO RAMO IMOBILIÁRIO COM UM MÉTODO COMPROVADO POR MAIS DE 500 CLIENTES.

O que a empresa faz: aumenta leads;

Para quem faz: empresas do ramo imobiliário;

Como faz: com um método comprovado por mais de 500 clientes.

3) Copywriting é sobre problema, solução e oferta

Você não vai querer vender tudo em um anúncio só. Foque em um problema, mostre uma solução e apresente sua oferta para resolver o problema. Isso vale para todos os mercados!

É por isso que se fala tanto em **landing page**. Landing page é página de vendas focada em um problema só. É fundamental limitar as opções para **facilitar a decisão de compra.**

4) Preço adequado ao bolso da sua buyer persona

Você só vende quando a sua oferta sana um desejo ou problema com um preço que caiba no bolso do cliente. Não adianta querer vender algo que sua buyer persona não tem grana para comprar, ou que ela não tem necessidade ou desejo de adquirir.

Portanto, o foco deve ser em solucionar problemas ou estimular desejos. E não esqueça: sempre traga informações de preço, forma de pagamento e frete grátis (quando for o caso) já no anúncio.

5) O poder da conexão

Quem está lendo o seu post, precisa perceber que o conteúdo foi feito para ele. É essencial criar conexão!

Aqui mora o grande poder da **segmentação** que o gerenciador de anúncios permite fazer! Você verá tudo isso na prática nas próximas páginas.

6) Mostre que o problema da buyer persona é grande

Opte por legendas que façam sua buyer persona perceber que o problema é maior do que ela imagina.

Ou seja, é preciso mostrar-lhe que aquilo que ela não está resolvendo pode gerar problemas ainda mais graves no futuro. Mas faça isso **sempre com ética!**

Quem mente para os consumidores tem vida curta. As empresas vivem graças às relações de confiança estabelecidas com as pessoas.

7) Sua marca tem a solução

Mostre que seu produto ou serviço é a solução que a buyer persona precisa no momento. Para isso, você deve listar as soluções e quebrar as objeções.

8) Objeções existem, sim, e você precisa acabar com elas

Ligada à anterior, esta dica é justamente para conhecer as principais objeções dos clientes em geral. São elas:

"Isso não funciona": essa objeção você quebra mostrando cases e depoimentos de clientes que confiam na sua marca.

"Isso não é para mim porque não consigo implementar": ajude a pessoa a implementar. No caso de ferramentas, a forma de quebrar a objeção é informar que seu negócio oferece suporte pós-venda gratuito.

"Não tenho dinheiro agora": trabalhe parcelamento. Encontre maneiras de a pessoa efetivar a compra de modo que você tenha uma garantia de que receberá no futuro.

"Não confio na marca": aqui, o trabalho é mais extenso, pois é necessário produzir conteúdo diariamente de modo consistente e cultivar relacionamentos todos os dias. Ou seja, você deve executar tudo o que leu até aqui.

"Não preciso disso agora": crie uma oferta com tempo limitado. Deixe claro que quem não aproveitá-la dentro de um curto período pagará mais caro no futuro.

"E se eu não gostar?": ofereça garantia. Nos meus cursos online, por exemplo, dou quinze dias de garantia para quem adquiri-los. Se a pessoa não gostar, dentro desse período é possível pedir reembolso do valor investido. Pense em quais prazos de garantia fazem sentido para o seu negócio e ofereça-os, pois a buyer persona irá se sentir mais segura.

9) Use chamada para ação

Finalize seus posts e anúncios de venda sempre com uma CTA forte para que as pessoas acessem seu link, enviem direct, comentem na publicação, abram conversa no WhatsApp etc.

10) Use o Instagram para criar demanda

Use chamadas de ação fortes também para criar demanda pelo Instagram. Anuncie que, em breve, você ofertará um produto ou serviço e estimule que as pessoas comentem manifestando interesse em receber a oferta em primeira mão.

Perto do lançamento, envie direct para quem se interessou – sempre respeitando o limite diário – e divulgue a novidade de maneira exclusiva! Nesse caso, os comentários são leads que você irá converter por direct!

11) E-commerce em miniatura

Transforme posts de venda em e-commerce em miniatura. Foque em dar a informação essencial já nos 75 caracteres iniciais, antes do botão *Ver mais*. Exemplos:

> AULA GRATUITA; FRETE GRÁTIS PARA SÃO PAULO;
> R$ 100 DE DESCONTO PARA QUEM COMPRAR ATÉ AMANHÃ.

Se você presta serviços, já informe no post o seu WhatsApp ou o seu e-mail, dependendo do meio de comunicação pelo qual você quer se relacionar com as pessoas. Faça isso mesmo tendo essas informações em sua bio. É importante não dar chance para o azar de os usuários não irem até seu perfil para ver por onde devem entrar em contato.

12) Tudo é uma questão de benefício, energia e tempo de resolução

Benefício: o que a pessoa ganha. Exemplo: emagrecer.

Energia: o que a pessoa deve ou não fazer. Exemplo: emagrecer sem parar de comer o que gosta.

Tempo de resolução: quando a pessoa vai usufruir o benefício. Exemplo: emagrecer, sem parar de comer o que gosta, em pouco tempo.

Uma *copy mediana* para esse caso:

COMO PERDER PESO.

Uma *copy fabulosa* para esse caso:

COMO PERDER PESO SEM PARAR DE COMER O QUE VOCÊ GOSTA, SEM SOFRER E EM POUCO TEMPO.

13) Invista no que mais vende

Use as palavras que vendem mais, mostradas no capítulo anterior, para potencializar resultados.

14) Não tenha medo de persuadir

Gatilhos mentais são os melhores amigos de quem quer vender muito pelo Instagram. No Capítulo 2, sobre conteúdo, você viu como aplicar os gatilhos mentais no marketing. Portanto, mãos à obra!

15) Aposte em pré-lançamento

Lance um produto ou serviço para um público reduzido em um ambiente exclusivo.

Agregue valor à sua novidade. Ofereça algo realmente diferenciado, como um grande desconto, mentoria gratuita, produtos gratuitos... Enfim, tudo o que possa fortalecer o interesse e tornar ainda mais atrativa a oferta, que já é exclusiva e vai terminar em *pouquíssimo tempo*.

OS CINCO FORMATOS DE ANÚNCIOS NO INSTAGRAM

1) Anúncio de foto / card:

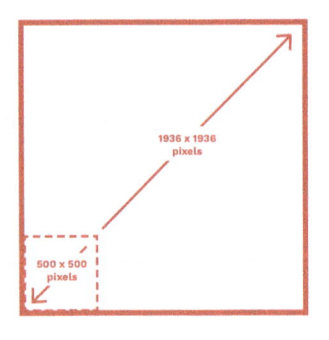

Quadrada

Resolução mínima:
500 x 500 pixels

Resolução máxima:
1936 x 1936 pixels

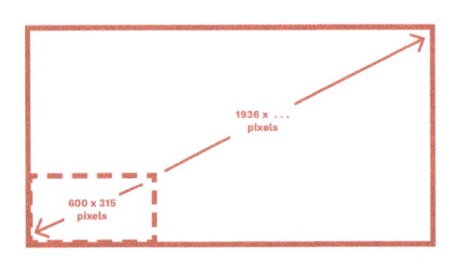

Paisagem

Resolução mínima:
600 x 315 pixels

Resolução máxima:
1936 na borda maior

Proporção: 1.91:1

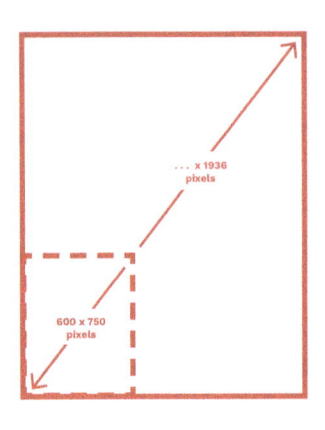

Vertical

Resolução mínima:
600 x 750 pixels

Resolução máxima:
1936 pixels na borda maior

Proporção: 4:5

2) Vídeos

As dimensões são as mesmas utilizadas nas fotos. Porém, a resolução mais comum para vídeos é Full HD (1920 x 1080 pixels).

O tamanho máximo de vídeo é até 4 GB.

3) Carrossel

Apresenta os mesmos formatos utilizados para fotos, sendo quadrado o mais comum. Proporção 1:1.

Limite máximo de dez imagens, do mesmo modo que em publicações orgânicas no feed.

O anúncio de carrossel é bem adequado à linguagem do Instagram, pois os usuários estão acostumados a arrastar o dedo na tela para consumir conteúdo. É mais indicado para quem vende produto.

4) Stories

Todas as dimensões de fotos e vídeos do feed (de 1:91 a 4:5) também são usadas nos stories.

Tipo de arquivo

.mp4 ou .mov (vídeo).

.jpg ou .png (foto).

Tamanho máximo do arquivo

4 GB (vídeo).

30 MB (foto).

Duração do vídeo

Máxima: 120 segundos, sendo 15 segundos em cada story.

Por padrão, se o anúncio for de imagem, ela será exibida por 5 segundos.

Dimensões

Resolução recomendada: 1080 x 1920 pixels.

Mínima: 600 x 1067 pixels.

É possível mesclar imagens e vídeos em anúncios de stories.

Recomendo que você use uma sequência de, no máximo, três conteúdos, seja de fotos, seja de vídeos (de até 15 segundos cada). Isso porque você pode estar chegando a pessoas que estão tendo um primeiro contato com a sua marca. Nesse caso, ainda não haverá um interesse grande da maior parte delas em consumir algo mais extenso do que isso.

As melhores práticas para stories orgânicos também valem para anúncios. Se for veicular um vídeo com pessoas falando, opte por um título impactante para contextualizar sobre o que se trata o anúncio. Caso contrário, serão apenas pessoas falando em pouco tempo, sem motivar o interesse do público.

5) Experiência instantânea

É um recurso multimídia que promove interação dos usuários com um conteúdo montado diretamente pelo gerenciador de anúncios. É como se você acoplasse um site a qualquer um dos outros quatro formatos mencionados. Ainda neste capítulo, você verá na prática como montar anúncios de experiência instantânea!

Esse recurso é bem interessante para marcas que vendem produtos ou serviços *premium*, como setor hoteleiro, que pode, no mesmo ambiente, mostrar fotos internas e externas do hotel, preço, descrição em texto e o que mais for relevante para persuadir a audiência a reservar um quarto.

E o IGTV, hein?

Enquanto escrevia este livro, ainda não era possível anunciar no IGTV. Mas fique de olho, pois muito vem se falando sobre esse recurso. A possibilidade de anunciar em vídeos no IGTV está cada vez mais próxima! Siga-me no **@terradorafael** que você certamente vai saber tudo sobre isso quando a coisa se materializar.

CONHECENDO AS QUATRO FORMAS DE VEICULAR ANÚNCIOS NO INSTAGRAM

É essencial ter conta comercial no Instagram.

Veja como alterar a sua:

1. Acesse os ajustes do perfil clicando em: (ícone do menu burger - GRÁFICO)
2. Toque em *Configurações*;
3. Toque em *Conta*;
4. Toque em *Mudar para conta comercial*.

Conta de produtor de conteúdo também precisa ser modificada para conta comercial, pois nem todas as segmentações de anúncios estão disponíveis para esse tipo.

Importante: você precisa vincular a conta do Instagram ao Facebook.

Para vincular as contas do Instagram e do Facebook e compartilhar publicações diretamente do Instagram no Facebook:

1. Acesse seu perfil e toque em: (ícone do menu burger - GRÁFICO)
2. Toque em *Configurações*;
3. Toque em *Conta* e em *Contas vinculadas*;
4. Toque em *Facebook* e insira as informações de login do Facebook.

Ao vincular contas, você terá a opção de compartilhar publicações no Facebook (perfil pessoal e *fanpage*) na mesma tela em que adiciona as legendas.

Dito isso, vamos às quatro formas de anunciar no Instagram. Você vai perceber a efetividade de fazer anúncios de modo correto, que é pelo gerenciador de anúncios.

1) Botão Promover

Essa é a maneira preguiçosa que o Instagram oferece para que as pessoas veiculem anúncios rapidamente, mas sem estratégia de sucesso. Isso porque esse tipo de anúncio será baseado apenas em interesses. Só serve para levar pessoas ao seu perfil ou site, escolhendo público-alvo (por interesses) e definindo a verba para logo sair rodando. É um recurso que não permite segmentar por informações demográficas.

2) Promover posts do Facebook no Instagram

É quando você veicula uma publicação orgânica do Facebook como anúncio no Instagram.

Apesar de também usar o termo *Promover*, essa opção pode ser efetiva para o seu negócio.

Por exemplo: a Fabulosa Ideia está no Facebook desde que nasceu, há mais de uma década, e possui mais de 100 mil curtidas na página. No Instagram, a conta da minha empresa gira em torno de 10 mil seguidores.

Ou seja, existe um universo de milhares de pessoas que estão no Facebook e no Instagram, mas só acompanham a minha empresa pelo Facebook.

Então, escolho veicular anúncios da página do Facebook no Instagram da Fabulosa Ideia segmentando para que os anúncios cheguem a essas pessoas que também têm conta no Instagram.

É uma boa forma de chegar às pessoas do Facebook pelo Instagram.

Você pode estar se perguntando: mas não fica repetitivo?

Não! Porque aqui estamos falando de anúncios, algo que não aparece no perfil do Instagram. É o que chamamos de **dark post**. Ele só vai aparecer no feed enquanto você está veiculando o anúncio.

3) Promover stories

Os motivos pelos quais não indico promover stories são os mesmos do botão *Promover* presente nas publicações do feed do Instagram.

4) Gerenciador de anúncios

Esta, sim, é a melhor e mais completa forma de investir em anúncios. E é sobre isso que falaremos no próximo tópico de modo completo!

O PASSO A PASSO PARA VOCÊ CRIAR ANÚNCIOS VENDEDORES E IMPACTANTES VIA GERENCIADOR DE ANÚNCIOS

Quero, de cara, pedir que você tenha em mente o seguinte: **dinheiro chama dinheiro**.

O que você vai ver a partir daqui não é gasto, e sim investimento.

Anote essa frase para nunca a esquecer e compartilhe a foto da sua anotação em seus stories. Aproveite e me marque (**@terradorafael**), pois vou ficar muito feliz de ver sua determinação em fazer sua marca evoluir no Instagram.

Dinheiro chama dinheiro.

Bem, vamos lá?

INSTAGRAM MARKETING

Como você sabe, o Mark Zuckerberg é dono do Facebook, do Instagram, do Messenger e do WhatsApp. E é no Facebook que cada usuário insere informações como data de nascimento, profissão, interesses etc.

Por isso, é o gerenciador de anúncios do Facebook a forma de veicular anúncios com estratégias em cima de **dados reais** da sua buyer persona.

Lembrando que você precisa administrar uma *fanpage* do Facebook para poder vincular a conta do seu Instagram.

Acesse o gerenciador de anúncios pela barra lateral do Facebook no desktop ou, então, pelo link https://facebook.com/ads.

Uma vez logado no gerenciador de anúncios, você pode acessar o menu *burger* ≡ e, então, clicar em *Todas as ferramentas*.

No item gerenciador de anúncios, o Facebook exibe uma série de opções.

Importante: a inteligência artificial do gerenciador de anúncios reconhece seu padrão de uso e vai adequando o menu conforme identifica as opções que você mais acessa. A tela do gerenciador de anúncios da sua marca pode ser diferente da exibida na *print,* que é da tela da ferramenta já moldada ao meu uso. Entretanto, as ferramentas existentes são iguais em todos os gerenciadores, variando apenas a disposição das informações.

A primeira área que você deve acessar é *Mensurar e relatar > Pixels*.

É onde você irá criar o seu pixel de conversão para instalar no seu site. O pixel é identificado por um número.

Depois da criação e da instalação do pixel em seu site, dedique um tempo para utilizar a ferramenta de **criação de públicos**. Para isso, acesse a aba *Ativos > Públicos*. Fica muito mais fácil se você criar seus públicos-alvo antes para depois somente designá-los a cada campanha.

Existem duas formas de pagar pelos anúncios: **boleto ou cartão de crédito**. Não há como ter as duas formas de pagamento ativas, é uma ou outra.

Boleto é o famoso pré-pago. Ou seja, você paga antes de rodar os anúncios e o valor investido fica no gerenciador de anúncios para ser utilizado. Não há como sacar o dinheiro enviado para o Facebook; portanto, invista quantias que você realmente vá utilizar para anúncios.

O pagamento por boleto não compensa no ato, geralmente acontece entre 24 e 72 horas, dependendo do expediente bancário.

O cartão de crédito funciona como qualquer compra no cartão. Após veiculada a campanha, o valor será cobrado na fatura do seu cartão de crédito. Não há possibilidade de parcelar o valor.

Você configura o modo de pagamento na aba *Configurações > Cobrança*.

Para quem vai ter a primeira experiência com o gerenciador de anúncios, recomendo que inicie fazendo anúncios por boleto porque é mais fácil de controlar. Boleto também é bem indicado para quem tem agência de publicidade e marketing digital – se esse é o seu caso, você pode enviar o boleto diretamente para o seu cliente pagar. Isso dá mais transparência ao processo.

Insira o valor (em reais) e gere o boleto. Ele será enviado para o seu e-mail cadastrado na conta de anúncios.

Entretanto, **pague o boleto com antecedência** para não ter problemas com o tempo que leva para o pagamento ser creditado à sua conta no gerenciador de anúncios.

Importante: se você planeja gastar R$ 500,00, mas porventura a campanha gasta menos do que o previsto, ou durante a veiculação você decide pausá-la, e o valor gasto até o momento é de R$ 200,00, você será cobrado pelo valor gasto (R$ 200,00), e não pelo valor originalmente planejado (R$ 500,00).

FAZENDO A MÁGICA ACONTECER

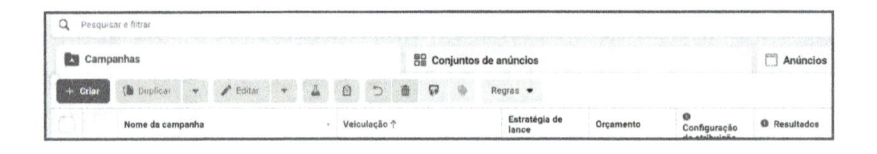

Clique no botão verde + *Criar*.

Tudo o que você vê de anúncios no Facebook e no Instagram é feito pelo gerenciador de anúncios. **Não existem ferramentas de terceiros** para veicular anúncios nessas redes sociais.

A estrutura de uma campanha de anúncios é a seguinte:

- Objetivos;
- Público;
- Posicionamento (feed, stories, Facebook, Explorar);

- Orçamento e programação;
- Formato;
- Mídia (upload de conteúdos ou criação diretamente pelo gerenciador);
- Criativo adicional (links).

Objetivos

Reconhecimento de marca: disponível apenas para o Facebook.

Alcance: muito indicado para stories do Instagram.

Tráfego: esse objetivo é o meu queridinho! É o que leva as pessoas para o seu site, e-commerce, WhatsApp etc.

Envolvimento: é pelo gerenciador de anúncios que você faz da maneira correta o que o Instagram tenta induzir a fazer pelo botão *Promover*. Esse objetivo foca em gerar curtidas, comentários, salvamentos, enfim, tudo o que é engajamento.

Você verá que há três abas em *Engajamento*. A única que serve para o Instagram é *Engajamento com a publicação*. *Curtidas na página* e *Participações no evento* dizem respeito a páginas e eventos criados no Facebook, respectivamente.

Veja como promover uma publicação do Instagram da sua marca de maneira mais efetiva:

1. Selecione o objetivo *Envolvimento*;
2. Clique na aba *Engajamento com a publicação*;
3. Dê nome à campanha;
4. Clique em *Continuar*;
5. No menu à esquerda, clique em *Identidade*;
6. Selecione a página do Facebook e a conta do Instagram da sua marca;

7. Na aba *Usar publicação existente*, clique no botão *Selecionar publicação*;
8. Na janela aberta, selecione a aba *Instagram*;
9. Escolha a publicação que você deseja promover e clique em *Continuar*;
10. Nos ícones centrais, selecione *Instagram* e escolha o(s) posicionamento(s) desejado(s);
11. Avance e conclua o anúncio.

Instalações de aplicativos: objetivo de fazer os usuários instalarem o aplicativo da sua marca.

Visualizações de vídeos: o próprio nome já diz. É muito indicado para que as pessoas assistam ao vídeo da sua marca. Crie uma estratégia em que, futuramente, você faça um anúncio de venda segmentado para quem assistiu ao vídeo.

Geração de cadastros: muito indicado para criar listas quentes!

Este é um dos meus objetivos favoritos porque permite conhecer melhor sua audiência e, claro, converter leads rapidamente. Os formulários podem ser focados em *mais volume* (curtos e objetivos) ou *maior intenção* (permitem que os usuários confirmem suas informações antes de submetê-lo). É uma opção ágil porque as pessoas já têm nome e e-mail vinculados ao Instagram. Ou seja, elas não precisam preencher isso, pois o formulário identifica automaticamente.

Você pode usar uma arte como criativo e ainda um texto de apoio para explicar por que deseja as informações dos usuários. Se você é arquiteto, pode pôr a foto de um escritório bonito e escrever algo como "Você quer ter um escritório bonito como este? Ofereço meus serviços a partir de R$ 500,00. Deixe seu e-mail para que eu entre em contato com você".

Os formulários também permitem fazer perguntas. Isso é ótimo para marcas que estão conhecendo melhor a audiência!

Combine formulário + lançamento: quando você está criando uma nova audiência ou querendo entrar em um novo mercado, anuncie um conteúdo de valor para pessoas desse mercado. Quando chegar a hora do lançamento, você terá e-mails de pessoas que manifestaram interesse no seu produto ou serviço, e poderá se comunicar diretamente com elas. Dessa forma, fica bem mais fácil converter os leads!

Importantíssimo: você precisa ter uma **Política de Privacidade** para fazer esse tipo de anúncio. Deve incluir um link para a Política de Privacidade publicada em seu site.

Por fim, você pode criar uma tela de agradecimento. Se já baixou um e-book alguma vez na vida, sabe do que estou falando. É na tela final que você agradece pelo preenchimento do formulário e ainda pode pôr o link para o seu site. No caso de e-book, é nessa etapa que você insere o link para download.

Você pode acessar os leads conquistados na *fanpage* da sua marca, em *Ferramentas de Publicação > Biblioteca de formulários*. Se houver um formulário ativo, vão aparecer os dados das pessoas cadastradas, e você poderá baixar as informações como planilha de Excel.

Mensagens: são os anúncios exibidos na tela inicial do Messenger do Facebook. No momento em que escrevia este livro, não era possível direcionar para a tela de direct no Instagram.

Conversão: referente ao pixel de conversão. É o famoso anúncio que persegue as pessoas depois que elas entram em um site com o pixel instalado, também conhecido como anúncio de *remarketing*.

Vendas do catálogo: somente para quem tem e-commerce, pois é necessário vincular as páginas do seu site ao catálogo criado nativamente no Instagram.

Se você ainda não tiver criado um catálogo, poderá criar pelo gerenciador de anúncios.

Escolha a categoria que melhor descreve sua marca. Atualmente, as opções são: **comércio eletrônico, viagem, imóveis** e **automóveis**.

No caso de e-commerce (comércio eletrônico), há duas opções para criar o catálogo:

1. Carregar informações do produto: você faz upload de cada foto de produto com os respectivos preço e link em seu e-commerce;
2. Atrelar-se à plataforma de comércio eletrônico: se você usa Shopify, Big Commerce, Magento, OpenCart ou WooCommerce, pode conectar sua conta de uma dessas plataformas e serão integradas automaticamente à sua plataforma de anúncios.

Com o catálogo criado, ele aparece no seu perfil, e você tem a opção de anunciá-lo. Ou seja, mesmo que você não pense ainda em investir em anúncios com esse objetivo, já deixe seu catálogo criado para gerar conversão organicamente!

Tráfego para o estabelecimento: anúncio para quem quer enviar pessoas para estabelecimentos físicos.

Quando a pessoa toca nesse anúncio, o Instagram abre um mapa, tipo Google Maps, com as coordenadas marcadas para levá-la ao seu estabelecimento. Recomendo principalmente para quem tem lojas em shoppings, pois é possível impactar pessoas que já estejam no shopping e ainda não sabem sobre a marca ou não encontraram a sede.

A abordagem nesses casos pode ser justamente focada na proximidade. Por exemplo:

Ei, sabia que você está pertinho de mim? Venha me visitar!

O PASSO A PASSO PARA CRIAR O ANÚNCIO QUE MAIS TRAZ RESULTADOS

O anúncio que mais gera resultados para as marcas é o de **tráfego**. Porque é a partir do tráfego que geramos venda, conhecimento de marca aprofundado, conversas no WhatsApp. Enfim, é quando levamos o usuário do Instagram para o **ambiente em que você irá convertê-lo em comprador da sua marca.**

1. **Dê nome à campanha.** É muito importante nomear cada campanha porque depois que você tiver várias rodando, vai ficar muito difícil mensurar os resultados sem que cada uma esteja identificada. Falarei mais sobre mensuração de resultados no próximo capítulo.

2. **Criar teste A/B (opcional).** Recomendo que você faça sobretudo se estiver iniciando as campanhas de anúncios da sua marca. Ao final da configuração do anúncio, ele será duplicado, e você poderá alterar o criativo ou a legenda.

    No fim das contas, você tem a mesma segmentação por trás dos anúncios, e o que muda é o que a audiência irá ver. Assim, você tem uma ótima oportunidade de comparar que tipo de imagens, vídeos ou abordagens mais funcionam com a sua buyer persona.

3. **Clique em continuar.**

4. **Selecione para onde você quer enviar os usuários**: site, aplicativo da empresa ou WhatsApp.

    Observações:

    - Você também verá a opção Messenger, mas esse caso é somente para anúncios do Facebook;
    - Para enviar as pessoas ao WhatsApp, você precisará conectar sua conta de **WhatsApp Business** à *fanpage* no Facebook.

5. **Você verá a opção de *Criativo dinâmico*,** que é um atalho para encerrar logo o processo de configurar sua campanha. **Eu não uso e não recomendo que você ative essa opção**, pois você deixa de configurar estratégias que fazem a diferença.

6. **Criar oferta (opcional).** É um recurso bem interessante para situações em que você quer que os usuários reivindiquem algum desconto limitado. Sabe aqueles aplicativos de compras coletivas tipo Groupon, Mobo e Peixe Urbano? Esse recurso é nesse estilo.

   É um anúncio que usa o gatilho mental de escassez de modo nativo, pois informa o número de cupons restantes à medida que os usuários vão retirando. Você pode definir que os usuários aproveitem a oferta online, na loja ou em ambas as opções.

   Se fizer sentido para o seu negócio, ative essa opção. Após ativar, você consegue configurar:

   - Título da promoção;
   - Número de ofertas disponíveis;
   - Porcentagem de desconto;
   - Código promocional;
   - Onde as pessoas irão usar o voucher;
   - Período de validade da oferta;
   - Possibilidade de as pessoas compartilharem a oferta;
   - Termos de uso.

7. **Definir público**: é aqui que a mágica acontece. Lembra-se das listas quentes e frias? É quando você definirá os dados principais para fazer sua campanha dar certo. É

uma parte que exige atenção, mas não se apavore, pois vou explicar isso de modo bem simples e prático.

São três formas de definir os públicos.

- **Públicos salvos**: você pode ter criado um público personalizado antes de montar um novo anúncio. Caso não tenha feito, depois de montá-lo para o anúncio em andamento, **salve o público para usar futuramente**. Isso lhe poupará muito tempo todas as vezes que for criar uma nova campanha!

- **Públicos personalizados**: chegou a hora das listas quentes e das listas frias! Ao clicar em *Criar novo*, você verá duas possibilidades:

Público personalizado: use para incluir as listas quentes. Você verá uma série de opções:

```
Escolha uma origem de Público Personalizado
Conecte-se com pessoas que já demonstraram interesse na sua empresa ou produto.

Suas fontes
   ⊕ Site                         ⊘ Lista de clientes
   ☐ Atividade em aplicativos     ⊟ Atividade offline

Fontes do Facebook
   ▷ Vídeo                        ⊚ Conta do Instagram
   ≡ Formulário de cadastro       ⬦ Eventos
   ⚡ Experiência instantânea      ⊞ Página do Facebook
   🛒 Compras                      ⊟ Classificados no Facebook

                                   Cancelar    Avançar
```

Usar suas fontes: *Site*, *Lista de clientes*, *Atividade em aplicativos* e *Atividade offline*.

Site – A fonte de dados é o pixel de conversão.

Lista de clientes – É aqui que você sobe a lista de e-mails em *.csv* ou *.txt*. A lista precisa ter, no mínimo, 500 e-mails para poder gerar algum resultado. Quanto mais e-mails, melhor, mas não compre lista de e-mails, pois isso seria maquiar uma lista fria. Afinal, trata-se de um público que não tem relação com a sua marca. Você também tem a opção de baixar uma lista de modelo, que pode usar como base para saber como organizar seus contatos.

Atividade em aplicativos – Crie um público de pessoas que iniciaram seu aplicativo ou jogo, ou executaram uma ação específica enquanto o usavam, como comprar um item.

Atividade offline – Crie um público de pessoas que interagiram com a sua empresa na loja, por telefone ou por outros canais offline.

Esta opção é para empresas que usam sistema de gestão de relacionamento do consumidor, também conhecido como Customer Relationship Management (CRM), que possua integração com o Facebook. Se você usa CRM no seu negócio, entre em contato com o suporte do seu fornecedor para verificar se há essa integração.

É o caso de redes de supermercados, por exemplo. Uma maneira de utilizar essa fonte é direcionar anúncios para pessoas que compraram na loja física nos últimos sete dias. São segmentações complexas, mas decerto listas bem quentes, que trazem grandes resultados por lidar diretamente com clientes sem objeções sobre a sua marca.

Usar fontes do Facebook: *Vídeo*, *Perfil comercial no Instagram*, *Formulário de cadastro*, *Eventos*, *Experiência instantânea* e *Página do Facebook*.

Vídeo – Você já deve ter cansado de ler eu escrever sobre usar vídeo como primeiro passo de uma estratégia para, futuramente, impactar quem interagiu com seu conteúdo. Pois bem, essa opção é o desfecho dessa segmentação que traz ótimos resultados!

Perfil comercial no Instagram – Também uma das minhas favoritas. Lembre-se de tudo o que escrevi sobre produzir conteúdo diariamente com consistência e estratégias bem definidas a cada publicação. Aqui, você perceberá os diferenciais de segmentação da conta comercial do Instagram.

Quem já fez algum curso online ou presencial comigo sobre Instagram sabe que eu me emociono falando de anúncios, em especial dessa parte. Isso porque é nesse momento que fica totalmente nítida a forma de **transformar o engajamento orgânico em vendas!**

Nos capítulos anteriores, vimos que é essencial fazer o público se engajar em diversos ambientes do Instagram. Você lembra? Fazer stories e lives que levem os usuários para a direct, escrever posts que estimulem interações, em especial o salvar, que indica muito interesse na publicação.

Pois bem, prepare-se para se encantar!

Criar um Público Personalizado do Instagram

Incluir pessoas que atendem **QUALQUER UM DOS** seguintes critérios:

Origem
terradorafael

Eventos
Todos que se engajaram com sua conta profissional

Retenção
365 dias

⊕ Incluir mais pessoas ⊖ Excluir pessoas

Nome do público
0/50

As chances de pessoas que salvam seu conteúdo se converterem em vendas são enormes. E você pode personalizar o público incluindo somente pessoas que salvaram seus posts durante o período que você determinar!

Quando falei sobre estratégias para sorteios, indiquei que você peça para as pessoas salvarem o post. Você não tem como comprovar isso na hora de premiar quem for sorteado. Mas pode segmentar seu anúncio para essas pessoas!

Incrível, não é mesmo?

Voltamos àquela frase: **engaje gente engajada**.

É principalmente com o anúncio de tráfego que você transforma **gente engajada em gente compradora!**

- **Público semelhante**: também conhecido como **público lookalike**, é uma forma de você expandir seu alcance para pessoas semelhantes à sua buyer persona. As fontes de dados para nortear a pesquisa por pessoas semelhantes são as mesmas do público personalizado.

Você pode escolher que o público semelhante seja parecido com sua base numa escala de 1% a 10% das fontes de dados que você selecionar. O 1% semelhante consiste em pessoas mais similares à sua fonte semelhante. À medida que você aumenta a porcentagem, o público criado se torna mais amplo.

Ou seja, quanto mais parecido à fonte de dados, menor deverá ser a porcentagem escolhida.

Não indico que você use porcentagem maior que 3%.

Formulário de cadastro – É a opção para segmentar seus anúncios para usuários que enviaram dados via anúncios de Geração de Cadastros que sua marca tenha feito anteriormente.

Eventos – Segmentação para que os anúncios sejam exibidos somente para pessoas que participaram ou marcaram interesse em eventos da sua marca no Facebook.

Experiência instantânea – É um *plus* do formato que você veicular. Quando o usuário toca em um anúncio com essa opção, o Instagram carrega uma espécie de *hotsite* navegável em que você pode usar fotos, vídeos, textos e links em modelos já existentes no gerenciador de anúncios.

Página do Facebook – Direciona os anúncios para pessoas que se engajaram com alguma *fanpage* que você administra no Facebook.

E quem está começando faz como?

O Instagram não é cheio de recursos somente para quem já tem dados da buyer persona organizados de alguma forma.

Se sua marca está começando, possivelmente não possui lista quente organizada como as apresentadas nas páginas anteriores. Por isso, você deve preencher manualmente o público seguindo tudo o que planejou sobre a sua buyer persona.

É configurando os anúncios alinhados ao perfil da sua buyer persona que você realiza campanhas de anúncios de sucesso no Instagram desde o início dos investimentos.

Você deverá preencher:

Localização: seja realista. Insira cidades e/ou estados que realmente já compraram a sua marca. Não se empolgue incluindo todo o Brasil porque você vai tentar se comunicar com todo mundo, e vai acabar não se comunicando com ninguém.

Se você expande muito seu anúncio sem ter um público que comprovadamente compra sua marca, pode acontecer de pessoas de locais que não são do seu interesse interagirem com seus anúncios **sem comprar**. A interação pode fazer a IA do Instagram entender que o público dessa região tem interesse na sua marca. **Não custa lembrar: curtidas não geram renda.** O que sua marca precisa é vender!

Idade: assim como no campo de localização, aqui você também precisa ter critérios realistas para definir. O gerenciador de anúncios oferece idades entre 13 e 65+ para você direcionar seus anúncios.

Gênero: você pode segmentar para homens, mulheres ou ambos.

Direcionamento detalhado: ATENÇÃO! ATENÇÃO! ATENÇÃO! É aqui que sua estratégia decola ou vai por água abaixo!

Como o próprio nome diz, este campo é **rico** em detalhes. Portanto, tenha muito cuidado ao selecionar as opções.

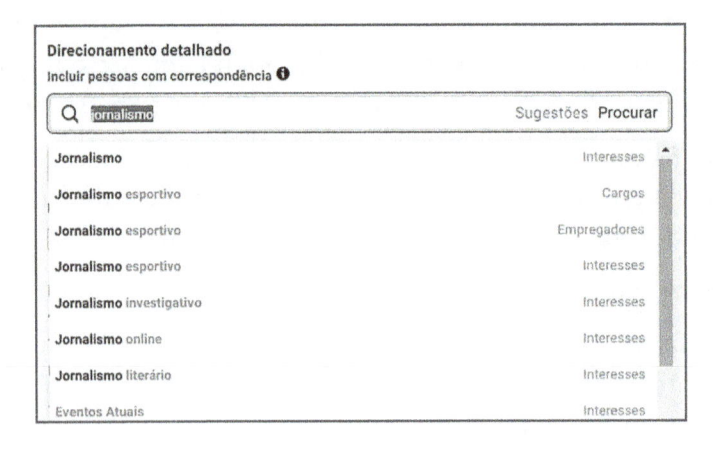

> **Direcionamento detalhado**
> Incluir pessoas com correspondência
>
> 🔍 jornalismo   Sugestões Procurar
>
> **Jornalismo**   Interesses
> **Jornalismo** esportivo   Cargos
> **Jornalismo** esportivo   Empregadores
> **Jornalismo** esportivo   Interesses
> **Jornalismo** investigativo   Interesses
> **Jornalismo** online   Interesses
> **Jornalismo** literário   Interesses
> Eventos Atuais   Interesses

Fuja de tudo o que à direita mostrar *Interesse*. Seu foco deve ser selecionar termos relacionados à sua buyer persona e escolher as opções relacionadas a *Cargos*, *Campos de estudo* e *Empregadores*.

Após selecionar o primeiro termo, você pode clicar em *Sugestões* para ver termos mais alinhados ao que escolheu. Entretanto, continue tendo atenção, pois o gerenciador de anúncios poderá continuar exibindo *Interesses*.

Você não deve fazer essa etapa com pressa.

Por ainda não possuir listas quentes, seu esforço inicial deve ser selecionar o que for relevante para sua marca, com **todo o cuidado do mundo** para não escolher nada relacionado a *Interesses*. Comece pensando nas características mais óbvias da sua buyer persona e, pouco a pouco, expanda para opções similares.

Por exemplo: se você quer atingir empresários, nem todos usam *empresário* como cargo no Facebook. Então, você deve complementar a estratégia selecionando termos análogos, como *empresária*, *sócia*, *sócio*, *sócio-proprietário*, *CEO*, *dono* e *gerente*, entre outros.

Definição de público

A sua seleção de público é razoavelmente ampla.

Específico — Amplo

Alcance potencial: 150.000.000 pessoas

Fique de olho no termômetro à direita da tela. Ele indica o quão específico ou amplo é o seu público. Procure manter o indicador na faixa verde, em que o público não é tão específico (mais caro) ou tão amplo (mais barato e nada estratégico, baseado principalmente em interesses).

No marketing digital, o que importa é segmentação bem-feita, e não número de pessoas. Apareça para sua buyer persona!

Ficou fácil de entender?

Portanto, também **não selecione** a opção de *expansão* do direcionamento detalhado. Essa funcionalidade passa a considerar os amigos e familiares da sua segmentação, e acaba ampliando o público e desvirtuando a estratégia.

Ao final, salve o público criado.

Dica: aproveite um momento tranquilo sem demandas para configurar seus públicos. Você pode deixar vários públicos salvos. Depois, ao criar uma nova campanha, você poderá selecionar o que estiver de acordo com a sua estratégia do momento.

Isso facilita muito seu trabalho e lhe poupa tempo!

Posicionamentos de anúncios

Atualmente, são dois posicionamentos possíveis: automático e manual.

Posicionamento automático: o gerenciador de anúncios recomenda essa opção porque indica que maximiza seu orçamento.

Como funciona?

A IA do Facebook distribui os anúncios em diversas áreas (Facebook, Instagram, Messenger e Audience Network) e acompanha onde está havendo mais engajamento. Se você for pensar em uma abordagem mais ampla, recomendo que teste esse recurso.

Como aqui estamos falando exclusivamente de Instagram, seu foco deve ser o posicionamento manual.

Posicionamento manual: selecione apenas o Instagram. A seguir, escolha em quais posicionamentos do Instagram você quer veicular seu anúncio.

Atualmente, as opções são feed, Explorar, Instagram stories. Todas são muito boas, portanto, recomendo usá-las. Lembre-se de que os criativos do feed e do Explorar possuem formatos diferentes dos stories.

Orçamento e otimização para veiculação de anúncios

Nesta etapa, você escolherá se pagará por visualizações da página de destino, cliques no link, alcance único diário e impressões.

- **Visualizações da página de destino**: os anúncios são veiculados para pessoas que têm maior probabilidade de clicar no link do anúncio e carregar o site ou a experiência instantânea.

- **Cliques no link**: os anúncios são exibidos para pessoas com maior probabilidade de clicar neles. Prefiro esta opção porque é importante saber o preço que estou pagando para cada pessoa que clica para ir ao meu site.

Imagine o seguinte exemplo: a cada clique, sua marca paga R$ 1,00. Você identifica que, a cada R$ 60,00 pagos por cliques, seu negócio converte uma venda de R$ 500,00. Você está muito no lucro e isso fica bem nítido!

Por isso, recomendo esta opção para você.

- **Alcance único diário**: os anúncios são veiculados, no máximo, uma vez por dia para cada pessoa.
- **Impressões**: os anúncios são mostrados para as pessoas o máximo de vezes possível. **Não recomendo** esta forma porque você pode acabar pagando por diversas veiculações para uma mesma pessoa que não mostrou interesse na publicação. Como não há nenhuma ação com sua publicação, não há detalhes para mensurar.

Após escolher uma dessas opções, você irá definir se deseja ou não ativar o *Controle de custo*. Por ser um recurso opcional, na maioria dos casos não recomendo que seja ativado.

A **única** situação em que pode ser uma boa escolha usar o *Controle de custo* é quando você sabe que tem uma concorrência muito grande.

Por exemplo, sua marca vende TV. Há centenas de sites anunciando TVs, entre eles diversas grandes empresas do varejo. Num cenário como esse, você pode ter em mente que não quer pagar mais do que R$ 20,00 por clique.

Então, você informa ao gerenciador de anúncios que está disposto a pagar, no máximo, R$ 20,00 no leilão para veiculação do anúncio. Se no momento em que seu anúncio puder ser veiculado o preço estiver abaixo de R$ 20,00, o Instagram irá exibi-lo. Caso contrário, não.

Portanto, o *Controle de custo* é indicado se você vende um produto com alto ticket médio e em um contexto de grande concorrência. Caso contrário, não ative a opção.

A seguir, você irá se deparar com outra área importante, que é a programação do seu investimento. Você tem duas opções:

Orçamento diário: você define quanto quer gastar por dia. O Instagram se obriga a gastar a quantia que você definiu. Indico que você use o orçamento diário por ser uma opção equilibrada.

Orçamento vitalício: você define quanto quer gastar até o fim da campanha. Desse modo, o Instagram pode gastar muito num dia e quase nada no outro. Ou seja, há o risco de um desequilíbrio no modo como seu dinheiro é investido. Por essa razão, não recomendo esta opção.

Como orientei no Capítulo 1, sobre estratégia, invista, no mínimo, R$ 50,00 por dia.

Fique de olho nos gráficos abaixo do termômetro de público. Ali, o gerenciador de anúncios exibe as **estimativas de pessoas alcançadas e de cliques no link.**

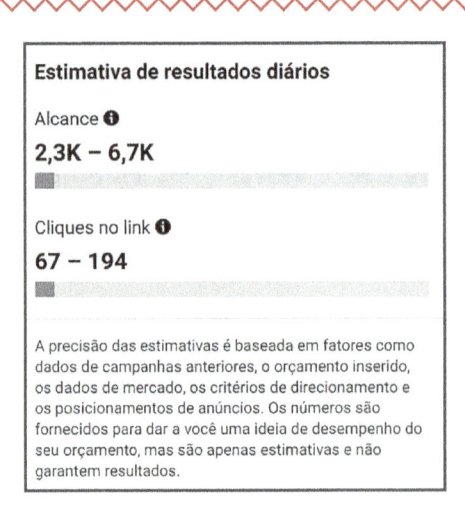

Estimativa de resultados diários

Alcance
2,3K – 6,7K

Cliques no link
67 – 194

A precisão das estimativas é baseada em fatores como dados de campanhas anteriores, o orçamento inserido, os dados de mercado, os critérios de direcionamento e os posicionamentos de anúncios. Os números são fornecidos para dar a você uma ideia de desempenho do seu orçamento, mas são apenas estimativas e não garantem resultados.

Você pode estar se perguntando: por que a estimativa não é tão precisa?

Porque, em anúncios, também há o fator de engajamento orgânico. Então, sua publicação pode receber muitas interações, como envios para outras pessoas, expandindo organicamente o alcance.

Outro fator que influencia o alcance é a qualidade do criativo e da legenda. Se você usar uma foto ruim, ou uma legenda mal escrita, ou ainda produzir o conteúdo sem estar de acordo com a sua segmentação, tudo isso pode fazer seu alcance. Por consequência, seu número de cliques no link ficaria mais para baixo do que para cima.

Uma boa notícia: como você leu os capítulos anteriores e sabe como

- estruturar bem sua estratégia,
- produzir criativos e legendas que vendem,
- e segmentar bem de acordo com a buyer persona da sua marca,

os cliques no link tendem a ser mais do que as estimativas!

Por isso, não se desanime com os números antes de rodar sua campanha.

Finalizando essa parte, você irá definir datas de início e de término de veiculação do anúncio. Não se esqueça de definir quando a campanha irá terminar. Caso contrário, o Instagram sairá gastando a perder de vista, sobretudo se você puser orçamento diário.

Importante:

- Você pode pausar o anúncio a qualquer momento;
- Os anúncios podem ser cancelados a qualquer momento após completar 24 horas de veiculação;

- Evite pausar ou cancelar o anúncio em até dois dias após iniciar uma campanha que dure uma semana ou mais, pois nesse período a IA do Facebook estará maturando e conhecendo melhor sua segmentação.

Escolha o criativo para veiculação

Nesta etapa, você verá logo de início a conta na qual irá veicular o anúncio. Como falei anteriormente, é preciso que a sua conta do Instagram esteja vinculada a uma página do Facebook. Uma vez vinculada, ela aparecerá nessa tela para você selecioná-la.

Em seguida, você verá os formatos possíveis:

- Carrossel;
- Imagem ou vídeo único;
- Coleção (somente para rodar anúncios no Facebook);
- Experiência instantânea;

Você poderá escolher entre *Carrossel* e *Imagem ou vídeo único* para veicular no Instagram. Você pode adicionar a *Experiência instantânea* a qualquer uma dessas opções.

A *Experiência instantânea* é um recurso muito legal que, atualmente, oferece três modelos pré-criados para que você modifique imagens, vídeos, textos e links em áreas definidas. Funciona de modo superintuitivo!

✓ Adicionar uma experiência instantânea

Escolha um modelo ▼

Aquisição de cliente
Incentive novos clientes a descobrir sua marca e seus produtos com uma página de destino para celular que incentive a ação.

Narrativa
Forneça às pessoas uma forma envolvente de explorar sua marca, produto ou serviço.

Vender produtos (sem catálogo)
Crie uma experiência de compras móvel carregando as informações do seu produto em vez de usar um catálogo.

Experiência instantânea personalizada
Crie seu próprio layout com mais opções de design e interação.

Experiência de AR Beta ⓘ
Importe um efeito de câmera na sua experiência instantânea para inspirar as pessoas a interagir com sua marca.

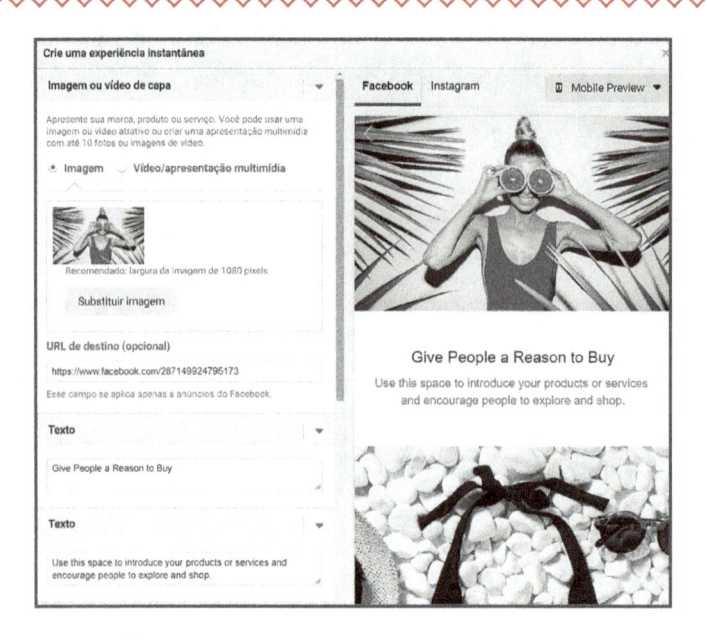

Exemplo do modelo indicado para vender produtos sem catálogo

Além dos três modelos, você pode criar sua própria *Experiência instantânea* personalizada.

A *Experiência instantânea* não custa nada a mais, pois você já definiu os valores que serão investidos. É bem interessante para empresas que desejam ter um posicionamento *premium* e criativo.

Independentemente de optar pela *Experiência instantânea*, você precisa definir o criativo que será exibido nos posicionamentos escolhidos.

Clique em *Adicionar mídia* para fazer upload das artes. Na janela que irá abrir, você terá duas opções:

- Selecionar os arquivos no seu computador ou que você tenha usado anteriormente;

- Escolher *Fotos gratuitas* e pesquisar no banco de imagens do próprio Facebook em parceria com o Shutterstock. Na prévia da imagem, fica a marca d'água com o nome do banco, mas não se preocupe, pois no seu anúncio isso não irá aparecer.

Em ambos os casos, após escolher a imagem, clique em *Continuar*.

Role um pouco a tela para ver a **prévia** do seu anúncio no feed.

Passe o mouse sobre o menu central para definir os criativos nos formatos adequados a cada posicionamento.

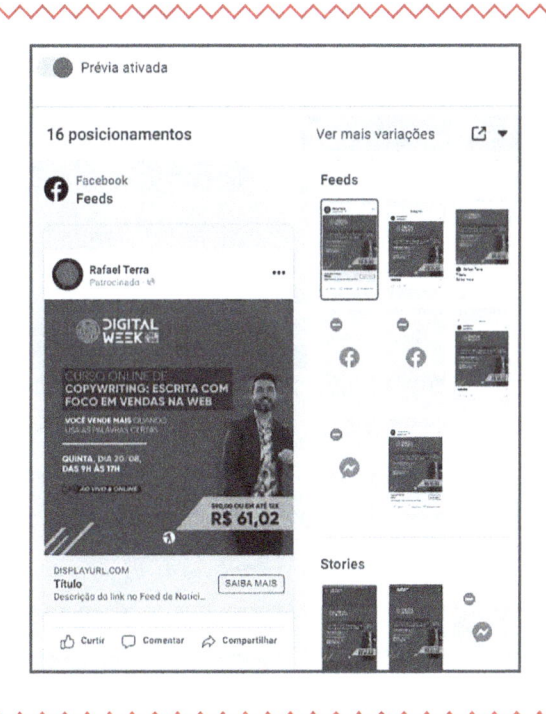

Se você for veicular anúncios tanto no feed quanto nos stories e não fizer essa diferenciação, a mesma arte será exibida em áreas que exigem formatos diferentes.

COMPARATIVO ENTRE CRIATIVO NO FORMATO DE FEED VEICULANDO NOS STORIES E FORMATO CORRETO VEICULANDO NOS STORIES.

Nunca use a mesma imagem para dois formatos diferentes, pois o público percebe que a marca não teve o cuidado devido.

Após definir os criativos corretamente, é hora de escrever a legenda. A legenda aqui é chamada de **texto principal**.

Você escreve nesse campo, e a prévia já exibe como ela será veiculada. Fique de olho no botão *Ver mais* e mantenha sua chamada mais impactante no começo da legenda.

Você também pode definir um título para o seu anúncio. Verifique na prévia se faz sentido utilizá-lo.

Depois, preencha o campo de link com a URL para onde você quer levar seu público. Defina *Site* como destino. Sugiro que não escolha a opção de exibir link.

Depois, escolha a chamada para ação. Atualmente, estão disponíveis estas opções:

- Saiba mais;
- Solicitar agora;
- Reservar agora;
- Fale conosco;
- Doar agora;
- Baixar;
- Obter coração;
- Obter horários das sessões;
- Ouvir agora.

Indico que você use o *Saiba mais* porque não é uma chamada agressiva. Uma *call to action* de **comprar agora** pode induzir as pessoas que, após tocarem no botão, já deverão fazer o pagamento. Isso pode assustar o público.

A seguir, pule a opção de idiomas; lembre-se de que estamos lidando com segmentações estratégicas. Sendo assim, não vai acontecer de você exibir um mesmo criativo para pessoas de diferentes países.

A próxima opção diz respeito ao rastreamento. Se você tem o pixel já configurado, essa opção vem ativada. Sendo esse o seu caso, sugiro deixar ativo, pois é mais uma forma de atingir pessoas alinhadas aos seus objetivos.

Após configurar tudo, clique em *Confirmar*. Então, o gerenciador de anúncios irá verificar as informações a seguir:

- Segurança da sua página de destino (se possui certificado HTTPS ou não);
- Porcentagem de texto na arte (lembre-se de que o limite para o desempenho não ser prejudicado é de 20%);
- Características do criativo (se há conteúdo com apelo sexual, violento ou preconceituoso, por exemplo).

Estando tudo ok, o anúncio começa a rodar normalmente em até uma hora (ou além disso, caso você tenha agendado para mais tarde). Aí é só fazer o acompanhamento frequente e ver as vendas acontecerem!

DICA RÁPIDA:
CINCO PASSOS PARA FAZER UMA OFERTA IRRESISTÍVEL COM ANÚNCIOS NO INSTAGRAM

Não é novidade que o ramo imobiliário lida com altos valores e, como consequência, o lead demora mais para amadurecer a ideia até efetuar a compra. Por isso, trago essa dica rápida e supereficiente para vender mais imóveis realizando uma boa estratégia de anúncios no Instagram. É o que chamo de "oferta irresistível" e vale para outros nichos também:

1. Não queira anunciar para todo mundo ao mesmo tempo. Escolha um imóvel para um perfil de comprador. Por exemplo: um loft para jovens empresários.

2. Na imagem do anúncio, opte pelo formato *Carrossel* com várias imagens do imóvel.

3. Na legenda do anúncio, principalmente nos primeiros 75 caracteres, crie uma conexão com o público em questão. Por exemplo:

   JOVEM EMPRESÁRIO, MORE NESTE LOFT
   A PARTIR DE R$ 2 MIL AO MÊS!

Importante: sempre traga o menor valor no anúncio, seja entrada, prestação mensal ou alguma outra forma de pagamento.

4. Você deve segmentar esse anúncio no gerenciador de anúncios do Facebook para que realmente **só jovens empresários** vejam e se convertam em vendas!

5. Conecte o seu WhatsApp no botão de ação do anúncio. Daí, quando o cliente clicar, ele será levado a conversar com um corretor de imóveis!

O gerenciador de anúncios é recheado de oportunidades para sua marca vender!

Depois que você aplicar as estratégias abordadas até aqui, **quero que me conte seus primeiros resultados com campanhas de anúncios! Mande-me uma direct no @terradorafael** e vamos conversar!

Aproveite o espaço a seguir para anotar tudo o que inspirou você. No capítulo a seguir, sobre métricas, você vai aprender a mensurar os resultados obtidos após aplicar tudo o que leu até aqui!

INSTAGRAM MARKETING

Escreva aqui suas primeiras ideias de anúncios vendedores! Quais gatilhos mentais utilizar para criar CTAs matadoras? Que problemas da buyer persona você soluciona?

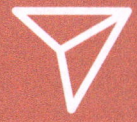

COMPARTILHE EM SEUS STORIES

**O MAIOR SÁBIO NÃO É AQUELE QUE SABE!
É AQUELE QUE CRIA SUAS OPORTUNIDADES!**

@TERRADORAFAEL

CAPÍTULO 4

MÉTRICAS

Este capítulo vai ensiná-lo a realizar algo que deve se tornar um hábito. Todos os meses, você deverá analisar com calma as métricas da sua atuação no Instagram, tanto orgânica como com anúncios.

O marketing digital e as redes sociais são riquíssimos em dados pessoais e outras informações que ajudam você a entender bem o desempenho da sua presença digital. O Instagram não é exceção!

Somente com análise dos dados da sua conta você entenderá o que está dando certo na sua estratégia e o que pode ser melhorado.

Lembre que reputação é repetição. Ou seja, se apostar duas vezes em um formato de conteúdo e, em seguida, cortá-lo por considerar que não houve bons resultados, você pode estar agindo de maneira precipitada.

Dê tempo ao conteúdo orgânico.

Dê tempo à maturação da IA do gerenciador de anúncios.

Dê tempo à veiculação de anúncios.

É preciso ter **consistência** para entender bem o que funciona, o que precisa de ajustes e o que definitivamente não traz bons resultados para a sua marca.

COMO MENSURAR SEUS RESULTADOS DE ENGAJAMENTO E VENDAS

Há três formas: Instagram Insights, ferramentas de terceiros e extração de dados do gerenciador de anúncios.

Veja a seguir os detalhes sobre cada fonte de dados.

1) Instagram Insights

Como o próprio nome diz, é um recurso nativo do aplicativo do Instagram. Veja o passo a passo para você acessar os dados da sua conta comercial.

1º passo: vá ao seu perfil;

2º passo: toque em "...";

3º passo: escolha *Informações*;

4º passo: você verá três opções, *Conteúdo*, *Atividade* e *Público*.

Conteúdo: métricas dos conteúdos de feed, vídeo e stories.

Em cada seção, você deve clicar em *Ver tudo*. O Instagram exibirá uma série de métricas possíveis para cada um dos tipos de conteúdo.

Atualmente, o Instagram Insights permite que você consulte conteúdos do feed no período de até **dois anos**, e de stories, nos últimos **catorze dias**.

Essa aba é muito útil para que você perceba:

- Quais conteúdos geram mais engajamento;
- Quais conteúdos não estão dando bons resultados;
- Em quais editorias você pode investir mais;
- Em quais momentos da semana determinados tipos de publicação geram mais engajamentos de maior relevância para o algoritmo (como salvamentos e comentários).

Opções de métricas do feed

CAPÍTULO 4 ♦ MÉTRICAS

Selecione o período	
7 dias	○
30 dias	○
3 meses	○
6 meses	○
1 ano	●
2 anos	○

PERÍODOS PARA MÉTRICAS DO FEED

Selecione a interação

- Alcance ●
- Cliques no site ○
- Começaram a seguir ○
- Comentários ○
- Como chegar ○
- Compartilhamentos ○
- Curtidas ○
- Emails ○
- Envolvimento ○
- Impressões ○
- Ligações ○
- SMS ○
- Salvamentos ○
- Visitas ao perfil ○

Todas as métricas do feed

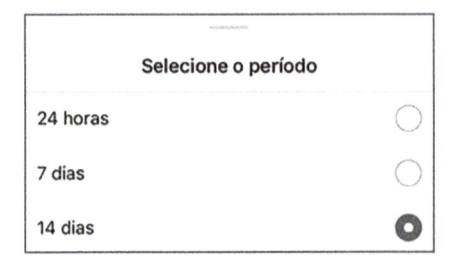

Selecione o período

- 24 horas ○
- 7 dias ○
- 14 dias ●

Períodos para métricas dos stories

CAPÍTULO 4 ◆ MÉTRICAS

Selecione a interação
Alcance ●
Cliques no link ○
Cliques no site ○
Começaram a seguir ○
Como chegar ○
Compartilhamentos ○
Emails ○
Encaminhamentos ○
Impressões ○
Ligações ○
Próximo story ○
Respostas ○
SMS ○
Saídas ○

Todas as métricas dos stories

Atividade: mostra informações gerais da conta, como o número de pessoas às quais seu conteúdo foi mostrado dentro de um determinado período.

Alcance: número exato de pessoas que viram suas publicações.

Impressão: número de vezes que as publicações foram exibidas. Cada publicação pode ter aparecido mais de uma vez para a mesma pessoa, por isso a impressão sempre vai ser maior que o alcance.

Interações: atividade da audiência na sua conta, como visitas ao perfil e cliques no site.

Público: melhor forma de saber se você está se relacionando com sua buyer persona

Logo de cara, essa área mostra quantas pessoas seguiram a sua conta nos últimos sete dias e quantas deixaram de seguir.

Não fique triste, pois é supernatural que as pessoas deixem de seguir a sua conta. O importante é que seja sempre uma minoria, e que a conquista de novos seguidores seja mais expressiva do que a perda.

Você se lembra do que falei sobre o Instagram ser um canal de TV? É a mesma coisa que pegar o controle da TV e zapear entre as opções – uma hora, as pessoas podem enjoar de seguir determinadas contas. O normal é que você perca entre 1% e 2% da sua base por mês. Se passar disso, é porque há algum problema com o seu conteúdo.

Em seguida, você verá as cidades das pessoas que seguem a sua conta. É uma forma de você identificar onde a sua marca é mais conhecida, e isso é um bom indicativo para você refinar suas segmentações ao fazer campanhas de anúncios.

Entretanto, se as cidades que mais seguem a sua marca forem aquelas em que você não atua ou não vende, isso é um sinal de alerta de que algo está errado e você precisa readequar sua estratégia com urgência.

Depois, é possível visualizar a faixa etária das pessoas que seguem sua conta. Na sequência, você vê os percentuais de gênero.

E, finalmente, os dias e horários em que a sua base de seguidores mais está conectada. **É essa área que você deve acessar para definir os melhores horários para publicar.** Esses dados se alteram semanalmente, pois consideram sempre o comportamento de seus seguidores na semana anterior. Portanto, fique de olho com frequência nessas informações!

Outros dados importantes que o Instagram fornece estão no botão *Ver informações* abaixo de cada publicação que você seleciona no seu perfil. Essa opção exibe as seguintes métricas:

- Curtidas;
- Comentários;
- Envios / Compartilhamento em stories;
- Salvamentos;
- Quantas pessoas foram alcançadas;
- E por onde foram alcançadas (feed, hashtags, Explorar e outros meios).

Por fim, não custa relembrar que cada publicação em que houver um compartilhamento em stories de perfis públicos, você conseguirá visualizar ao tocar em "..." e *Ver recompartilhamentos no story*. Nem todo mundo marca sua conta ao compartilhar seus posts nos stories, então essa é uma forma de conhecer as pessoas e agradecê-las pelo compartilhamento.

2) Outras ferramentas para análise de dados

Se você deseja fazer algo não tão manual analisando os dados fornecidos pelo próprio Instagram, indico quatro boas ferramentas que podem ajudá-lo a acelerar o processo de automatizar a extração das informações.

Iconosquare – https://pro.iconosquare.com/

É uma ferramenta bem completa que permite acompanhar os dados do Instagram Insights e também fazer comparativos com outras marcas. Os dados são mostrados de maneira bem visual, o que facilita a compreensão e o uso dos recursos.

O Iconosquare também oferece soluções de publicação e monitoramento. Não é uma ferramenta barata, e, até o momento, o pagamento é apenas em dólar. Atualmente, você pode testar o Iconosquare gratuitamente por catorze dias antes de contratar.

Zeeng – https://www.zeeng.com.br/

Uma ferramenta muito completa para análise de dados da sua marca como um todo na internet. O Zeeng oferece não só relatórios das redes sociais, mas também monitoramento e clipagem.

Para quem tem uma presença digital muito além do Instagram, é interessante contar com uma solução de Big Data Analytics como essa. É mais indicada para negócios de médio e grande portes, já que, atualmente, o plano mínimo custa R$ 650,00/mês.

Postgrain – https://postgrain.com/

O Postgrain oferece vários recursos: agendamento de publicações no feed e nos stories, gerenciamento de interações, criação de respostas pré-estabelecidas, gerenciamento de direct e criação de relatórios. É uma ferramenta barata que eu já usei e recomendo.

Atualmente, o valor por conta é R$ 29,00/mês, e é possível fazer um teste gratuito antes de contratar.

Reportei – https://reportei.com/

No momento em que escrevo este livro, o Reportei é a solução que venho usando para mim e para os meus clientes.

Como meu trabalho não é apenas com Instagram, e sim com diversas redes sociais, o Reportei é a ferramenta mais útil, pois contempla relatórios de plataformas como Facebook, Facebook Ads, Instagram, Instagram Ads, YouTube, LinkedIn, LinkedIn Ads, Google Analytics, Google Ads, e RD Station.

Atualmente, o plano básico, para até cinco clientes (que engloba todas as redes sociais), é R$ 49,90/mês. São relatórios bem completos e visualmente fáceis de analisar.

3) Extração de dados do Gerenciador de anúncios

Acesse a campanha que você criou e veja diversas métricas, entre elas:

- Verba que a sua campanha gastou;
- Número de pessoas que clicaram no seu anúncio;
- Pessoas alcançadas;
- Impressões do anúncio;
- Custo por clique (CPC).

Para anúncios de conversão usando o pixel, você também consegue ver o valor gerado por vendas a partir do anúncio.

Use esta simples fórmula para calcular o ROI das campanhas:

(Receita - Custo)	
/	x 100
(Investimento)	

Assim que você o descobrir, faça testes para verificar se você atingiu o teto do ROI ou não.

Exemplos de cenários possíveis:

- Com R$ 100,00 de investimento, você teve um ROI de R$ 5,00. Você decide, então, aumentar seu investimento para R$ 300,00 e conquista o mesmo ROI de R$ 5,00. Isso significa que você atingiu seu teto e não precisa investir além do que seu primeiro investimento.

- Agora, se você aumentar seu ROI para R$ 7,00, é um indicativo de que você deve manter os R$ 300,00 ou até realizar um novo teste com investimento maior para ver se o ROI aumenta ainda mais.

DOIS SITES ÚTEIS PARA VOCÊ COMPLEMENTAR SUA ESTRATÉGIA

Facebook.com/blueprint

É uma espécie de faculdade do próprio Facebook em que você pode aprender mais sobre as ferramentas do Facebook e do Instagram. Ao realizar os cursos, você pode, inclusive, conseguir certificações.

O Blueprint é um ambiente cheio de recursos úteis porque dá acesso a dados globais do Facebook e do Instagram. Essas informações ajudam a tornar sua estratégia ainda mais inteligente e sempre atualizada de acordo com as melhores práticas e tendências.

Facebook.com/insights

Conecte sua *fanpage* do Facebook para ver dados gerais de engajamento das suas contas.

O PASSO A PASSO PARA CRIAR RELATÓRIOS EFICIENTES

1) Escolha as métricas

Separei as treze principais métricas do marketing digital para você definir quais são as mais úteis para a sua estratégia.

Alcance: número total de pessoas alcançadas.

Conversão: pode ser um número de vendas, leads, inscrições etc.

Engajamento: não é só uma palavra bonita. É número. Quais os conteúdos que mais engajaram no período analisado?

Sentimento: estão falando bem ou mal da sua marca? Requer uma análise qualitativa.

Tráfego: as pessoas estão indo aonde você deseja levá-las?

Respostas: relacionamento e SAC estão sendo efetivos? Se você é uma agência que presta serviços de marketing digital, aproveite para mostrar aos clientes a quantidade de mensagens recebidas por direct mês a mês.

Impacto: seu conteúdo está alcançando as pessoas certas? Novamente, uma análise qualitativa.

Superfãs: quem ama sua marca? Identifique pessoas que, com frequência, comentam e compartilham seus conteúdos.

ROI: é o famoso retorno sobre o investimento.

Shares: número de pessoas que compartilharam seus conteúdos.

RP Digital: veja se influenciadores citaram sua marca.

Otimização no Google: analise se o seu conteúdo no Instagram contribuiu para a sua presença orgânica na pesquisa do Google. É o famoso Search Engine Optimization (SEO).

Share of Voice: fatia da marca nas redes sociais em comparação aos concorrentes.

2) Escolha os KPIs

KPIs é a sigla para Key Performance Indicators, ou indicadores-chave de desempenho. São os objetivos das métricas escolhidas no passo anterior.

Por exemplo: alcance é uma métrica, mas o que você quer descobrir dentro do seu alcance? Sua resposta será um KPI. Os KPIs podem mudar à medida que os objetivos do seu negócio se atualizam.

3) Período

É muito importante ser fiel ao período, pois as métricas mudam rapidamente.

Por exemplo: se o seu relatório mensal for fechado no dia 5 pela primeira vez, ele deverá ser sempre fechado no dia 5 de cada mês. Caso contrário, o período será diferente e, consequentemente, as métricas serão diferentes. Isso não lhe permitirá analisar resultados fiéis ao desempenho da sua marca no Instagram.

4) Coleta de dados

É o uso das ferramentas que mencionei antes. Você pode fazer manualmente ou contratar uma ferramenta para automatizar a extração dos dados. Em paralelo, você pode usar os dados do gerenciador de anúncios do próprio Facebook para tornar sua análise ainda mais completa.

5) Formatar dados e criar gráficos

As ferramentas de análise de relatórios geram esses gráficos. Mas você pode utilizar outras soluções, como o **Infogram** (https://infogram.com/), para criar excelentes gráficos e adotar um padrão para visualizar seus dados nos relatórios.

6) Os seus insights

É a parte mais importante de um relatório. É aqui que você vai listar o que aprendeu com as métricas. E o principal: o que fará de diferente para buscar novos resultados. Entra em jogo a inteligência do *social media* e/ou do analista de dados.

~~~~~~~~~~~~~~~~~~~~~~~~~~~~~~~~~~~~

Agora é só questão de tempo para você ter aquela sensação incrível de ver na prática os resultados acontecendo!

Com o conhecimento de métricas e o passo a passo para criar relatórios efetivos, tenho certeza de que você tem todas as ferramentas em mãos para iniciar uma estratégia de valor e refinar os resultados mês a mês. **Estou ansioso para receber sua mensagem por direct no @terradorafael contando como está sendo o desempenho da sua marca no Instagram.**

Aproveite o espaço a seguir para definir quais métricas são importantes para o seu negócio. Prepare-se: as próximas páginas vão inspirá-lo ainda mais, pois falarei sobre tendências no Instagram. Há muita coisa legal vindo aí e sua marca pode sair na frente da concorrência!

INSTAGRAM MARKETING

Escreva aqui quais métricas são importantes para o seu negócio e quais serão os KPIs que você irá avaliar todos os meses.

COMPARTILHE EM SEUS STORIES

VOCÊ SÓ CONQUISTA AQUILO QUE PLANEJA, E SE CORRER ATRÁS. COM AS REDES SOCIAIS TAMBÉM É ASSIM! SEM PLANEJAMENTO E EXECUÇÃO: SEM RESULTADOS!

@TERRADORAFAEL

CAPÍTULO 5

TENDÊNCIAS NO INSTAGRAM

Tudo muda muito rapidamente na internet e nas redes sociais. Sai na frente quem se antecipa e tem grande capacidade de se adaptar às mudanças – positivas ou negativas – com agilidade.

Inovar também é pôr uma ideia em prática rapidamente. Uma forma bem eficiente de fazer isso é ficar de olho nas tendências para ser uma das primeiras marcas a executar as novidades.

Isso mostra que seu negócio é inovador, e não precisa necessariamente ser pioneiro em nível mundial ou nacional. Trazer alguma novidade ao seu mercado ou à sua cidade também é um grande feito!

Separei treze tendências do Instagram para você encerrar a leitura em grande estilo e se preparar para sair na frente!

CAPÍTULO 5 — TENDÊNCIAS NO INSTAGRAM

1) A maior das tendências: TikTok invade o Instagram

Em novembro de 2019, o Instagram lançou o Cenas (Reels, em inglês) exclusivamente no Brasil. Uma cópia dos principais recursos do TikTok. Só que a novidade, naquela época, não foi tão bem aceita. Tanto que, no primeiro semestre de 2020, as pesquisas indicavam que o TikTok continuava crescendo rapidamente, e que muitas pessoas traziam o conteúdo de lá para o Instagram, em especial para os stories.

Eis que, em 23 de junho de 2020, o Instagram expandiu a ferramenta, adotou o nome Reels em definitivo e deu grande destaque ao recurso. A ferramenta permite que os usuários criem vídeos de até 15 segundos em moldes similares aos do TikTok. Quem usa conta pública ainda tem a opção de compartilhar o conteúdo no Explorar – o Instagram está exibindo o Reels com grande destaque nessa área.

O Reels pode ser gravado de diferentes formas: em uma série de trechos (um de cada vez) ou todos de uma só vez. Grave o primeiro trecho pressionando e segurando o botão de captura. Você verá um indicador de progresso na parte superior da tela enquanto grava. Pare a gravação para finalizar cada trecho.

Também há a opção de fazer upload de vídeo da galeria do celular.

Veja mais detalhes:

Áudio: pesquise uma música da biblioteca de músicas do Instagram para o seu Reel. Você também pode usar seu próprio áudio original simplesmente gravando o Reel com ele. Quando você compartilha um Reel com o áudio original, ele é atribuído a você e, se você tiver uma conta pública, as pessoas podem criar Reels com o seu áudio, selecionando *Usar áudio* no seu Reel. Por exemplo: se você gravar um Reel incentivando as pessoas a se engajarem com uma causa social, outros poderão clicar em *Usar áudio* no seu Reel e usar seu som para criar suas próprias versões do vídeo.

Efeitos de realidade aumentada: selecione um dos muitos efeitos em nossa biblioteca de filtros, inventados pelo Instagram e por criadores de todo o mundo, para gravar vários trechos com efeitos diferentes. Por exemplo: use a *Tela verde* para se sobrepor à frente de uma foto da praia do seu rolo da câmera e gravar um videoclipe de verão com seus amigos.

Temporizador e contagem regressiva: defina o temporizador para gravar qualquer um dos trechos com as mãos livres. Depois de pressionar *Gravar*, você verá uma contagem regressiva 3, 2, 1..., antes de gravar o trecho durante o tempo selecionado.

Alinhar: alinhe objetos do trecho anterior antes de gravar o próximo, o que ajuda a fazer transições perfeitas, como trocas de roupa ou adição de novos amigos ao seu Reel.

Velocidade: escolha acelerar ou diminuir a velocidade de parte do vídeo ou do áudio selecionado, o que ajuda você a manter um ritmo ou a criar vídeos em câmera lenta.

Bem, antes do Reels, o Instagram copiou o Snapchat e criou os stories, que rapidamente se tornaram um sucesso. A empresa de Mark Zuckerberg costuma acertar ao mesclar recursos próprios ao que há de melhor na concorrência.

É em função desse histórico das redes sociais de Zuckerberg que separei **dez oportunidades para sua marca criar conteúdo criativo no Reels do Instagram**.

Alcance generoso: toda nova ferramenta do Instagram tem um alcance muito alto, pelo simples fato de a rede querer que sejamos divulgadores do seu novo recurso. Ou seja: não planeje eternamente suas ações, pois quando todo mundo passar a usar a novidade, o alcance será menor.

Propagação de discurso de forma divertida: produzir vídeos curtos possibilita às empresas criarem conteúdos criativos a partir de alguma frase.

Fazer sua versão do vídeo do momento: o que "bomba" no TikTok são os movimentos em cima dos vídeos virais e divertidos! Isso tem tudo para se repetir no Reels. Portanto, entre na onda também, se isso, claro, tiver relação com sua brand persona!

Use nos stories e no feed: depois de criar sua edição, compartilhe no feed também. Por ser uma novidade, causa um "estranhamento bom" nos seguidores e engaja.

Explorar: aparecemos como sugestão de conteúdo do Instagram quando nosso perfil atrai novos olhares e novas possibilidades. E a boa notícia é que o Instagram está dando bastante destaque no Explorar para marcas e perfis que estão utilizando o Reels!

Rir de si mesmo: esta ferramenta é divertida, e isso é um convite para você ser também! Rir de si mesmo é uma forma de humanização de marca e isso a aproxima de seu cliente. Mostre que você é real, não fake.

Reels coletivo: a partir do começo da pandemia da Covid-19, a maioria das empresas passou a adotar o *home office*. O trabalho remoto gera uma oportunidade de criar conteúdo colaborativo usando formatos nativos que engajam muito nas redes sociais, em especial numa ferramenta que tem a diversão em seu DNA, como é o caso do Reels.

Music branding: um dos principais recursos do Reels é a possibilidade de incluir música na edição de forma bem simples. Quais músicas representam sua marca? Elas podem reforçar sua identidade.

Drops de conteúdo: a funcionalidade é ótima para criar conteúdo em tutoriais, passo a passo.

Faça o que ninguém fez: simples assim. O bom de algo novo é que temos milhões de novas possibilidades para explorar, já que poucas pessoas e marcas estão utilizando a ferramenta! Inove!

A DIETA PARA CRESCER COM O REELS:

1) Poste uma vez por dia:
É o jogo da consistência! O algoritmo do Instagram vai vendo o seu esforço e aumentando a sua entrega!

2) Poste no seu horário nobre:
Assim como todo post no Instagram, você deve postar o seu Reels no horário que sua audiência está mais desperta. Olhe nos Insights da sua conta.

3) Poste sobre seu nicho:
Viralizar por qualquer coisa não adianta nada. O Reels têm um alcance incrível, mas que seja para alcançar pessoas que tenham interesse sobre sua marca.

4) Um elemento surpresa:
O Reels é sobre criatividade, contar uma história de um modo diferente. Então sempre traga algum elemento divertido / criativo nos seus vídeos!

2) Esqueça as curtidas

Menos atenção às curtidas, mais valorização às postagens focadas na realidade e em gerar valor para os seguidores.

No fim de 2019, o Instagram eliminou a visualização do número de curtidas. Desde então, só é possível ver o nome das pessoas que curtem as publicações. Isso foi uma forma de o Instagram focar mais nas métricas que importam e tirar importância das curtidas, que é a maior *métrica de vaidade*.

Atualmente, só é possível visualizar essa métrica se você acessa pelo desktop.

O Instagram quer que voltemos aos velhos tempos com foco no real. Ou seja, que postemos sobre o que acontece no momento, histórias de valor, conteúdos contextualizados e fotos que gerem pertencimento. Enfim, tudo o que você viu principalmente no Capítulo 2, sobre conteúdo.

3) Cada vez mais fotos sem edição

Fotos com pouca ou nenhuma edição geram **mais proximidade com a audiência**.

Lembra o meu desenho do story perfeito que apresentei aqui no livro? Esse é um exemplo de publicação que gerou um grande engajamento de qualidade. A informação estava ali de forma um tanto crua, mas era muito útil para a minha buyer persona.

Portanto, eventualmente aposte em publicações cujo foco seja algo simples e real – sempre com informação de valor para a sua buyer persona, é claro.

4) Legendas longas

O *textão* do nosso amigo Facebook invadiu o Instagram.

Faça um convite à leitura da legenda longa na imagem ou nos primeiros caracteres da própria legenda. O ser humano é curioso, portanto, aposte nesse instinto de curiosidade para aumentar as chances de ter seu conteúdo viralizado.

5) Aumento do uso de imagens com texto

Imagens com texto vêm se tornando cada vez mais populares no Instagram. Exemplos: citações, infográficos, post-it, notas manuais em um caderno, citações em paredes, anotações em aplicativos de notas do próprio celular.

O importante é o conteúdo da mensagem, não necessariamente o formato dela.

6) Prints de frases no Twitter

Assim como a tendência anterior, aqui é mais um exemplo do que diversas marcas e produtores de conteúdo estão fazendo em nível global: tirar prints de posts no Twitter (por conterem pouco texto) e publicá-las no Instagram. A tendência é mesclar a print com informações complementares na legenda, não apenas publicar a imagem sem contexto nenhum.

7) Menos alcance

Lembra a regra de que as publicações chegam, em média, a 10% da base de seguidores? Então, a tendência é que essa porcentagem vá diminuindo com o passar dos meses.

Já vimos isso ocorrer no Facebook, cuja taxa de alcance atual é de 2% a 3% das pessoas que curtem as *fanpages*.

Por isso, não deixe para construir sua audiência depois. **Produza conteúdo agora e diariamente**, pelo menos um por dia!

E não se esqueça de *sempre sempre sempre* consultar o Capítulo 3 para fazer anúncios e chegar a mais pessoas que compõem a sua buyer persona. Se as marcas não aparecem, elas não engajam e, consequentemente, não vendem.

8) Fotos + desenhos

Uma forma de tornar mais dinâmicas as fotos que você publica é usar elementos gráficos como desenhos. Com isso, você dá uma cara (ainda) mais pessoal para seu conteúdo e pode aproveitar elementos lúdicos para engajar.

O Preview é um aplicativo muito legal que oferece esse recurso e pode inspirar você a fazer suas próprias criações.

9) Cada vez mais carrossel

Sim! Já é muito útil agora por ajudar a reter usuários nas publicações, e será cada vez melhor de se utilizar, especialmente por conta da provável queda do alcance orgânico médio.

Você já leu bastante sobre carrossel, mas vou aproveitar para trazer mais algumas dicas para inspirar seus conteúdos.

Carrossel "infinito"

Fotos com fundo que dão a entender que uma está unida à outra.

Destaque da vida real

Valorize seus momentos especiais, como eventos e viagens.

EM VEZ DE PUBLICAR FOTO POR FOTO EM VÁRIAS PUBLICAÇÕES, FAÇA UM CARROSSEL CONTANDO A HISTÓRIA E O SIGNIFICADO DO ACONTECIMENTO EM SUA VIDA.

Tutoriais

Mostre o passo a passo para realizar algo.

Foto seguida por vídeo

Esse combo deixa ainda mais dinâmico o conteúdo, e pode ser uma boa estratégia para chamar a atenção do público com um texto impactante sobre a imagem, seguido por um vídeo de até 1 minuto explicando alguma coisa ou contando uma história relevante.

Expectativa x realidade

Contas de humor adoram esse formato para entreter a audiência, geralmente mostrando uma realidade muito pior do que a expectativa. Se o seu objetivo não é que as pessoas riam da desgraça alheia, você pode fazer o movimento contrário e mostrar que a realidade do seu produto ou serviço supera muito as expectativas.

Avalie bem o contexto e produza conteúdo alinhado à sua brand persona e que trabalhe o convencimento da sua buyer persona.

Antes e depois

Recurso perfeito para mostrar mudanças significativas e obtenção de resultados.

Trabalho em progresso

Bom para quem trabalha com projetos.

10) Faça tudo conversar

Faça o feed conversar com os stories, os stories com a direct, a direct com o feed.

Crie um ecossistema que se retroalimente, digamos assim, para que diferentes áreas do seu perfil gerem engajamento. Lembre-se de que o mesmo conteúdo em formatos diferentes impacta pessoas diferentes!

Assim, o algoritmo percebe que você é relevante em todos os recursos que o Instagram oferece.

Dicas rápidas:

- Compartilhe a foto do seu feed nos stories e rabisque a foto, convidando os usuários a verem o conteúdo na íntegra em seu perfil;

- Vai fazer uma série de perguntas e respostas nos stories? Publique no feed informando data e horário para chamar mais pessoas;

- Ao publicar no IGTV, publique uma prévia também no feed e compartilhe nos stories.

11) Filtros autorais no Instagram

Cada vez mais pessoas e marcas têm criado seus próprios filtros no Instagram. Quando um filtro é inventado, os usuários têm a opção de salvá-lo e, toda vez que for utilizado, o Instagram exibe o @ de quem o criou.

É uma boa estratégia para diversos segmentos, como beleza, moda e turismo, e para quem estiver lançando um produto, realizando uma ação ou um evento, para que as pessoas se engajem exibindo a marca.

Veja o passo a passo:

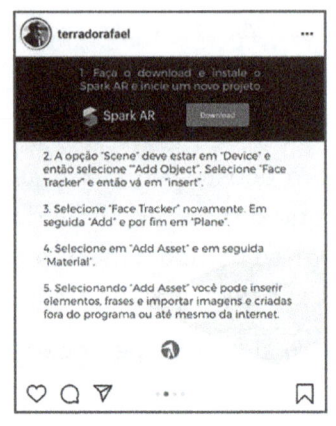

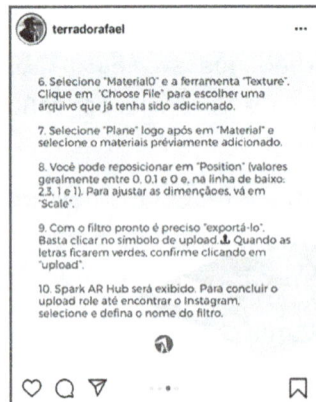

O importante é dar um motivo para os usuários postarem seus conteúdos, e isso também vale para o uso de filtros!

12) Ascensão de assistentes virtuais

Assistente virtual é uma secretária ou um secretário da sua marca nas redes sociais. É um nicho que está crescendo graças a contas que recebem muita interação todos os dias, principalmente mensagens via direct.

Fique de olho nessa tendência como uma possibilidade de trabalho, ou então de contratar um para sua marca, pois se você aplicar tudo o que aprendeu neste livro, certamente sua conta irá crescer e receber muitas interações todos os dias!

O que sustenta sua marca é dar um bom suporte aos seguidores, sejam eles já compradores ou não. **O SAC é fundamental!**

13) Instagrammers

São fotógrafos com um olhar dedicado à estética do Instagram. O trabalho desses profissionais é quase como uma poesia em forma de imagens.

Essa é uma profissão que será cada vez mais requisitada. Você pode tanto se dedicar a ser um instagrammer quanto aproveitar essa tendência para contratar um profissional para produzir seu conteúdo visual.

Minhas referências preferidas no Brasil são **@cesinha**, **@paulodelvalle** e **@vitorliberato** – dê uma olhada neles para conhecer mais sobre essa área de atuação.

14) Os Guias

Os guias do Instagram são um cruzamento entre carrosséis do Instagram e postagens de blog. Uma forma de organizar o conteúdo que você já postou no seu feed. Eles podem ser criados usando postagens pré-publicadas, lugares ou listas de produtos da conta do criador ou contas públicas.

Cada guia inclui uma imagem de capa, título, introdução e descrições opcionais para entradas.

Exemplo de um guia:

No guia acima, por exemplo, coloco as publicações que posto sobre Instagram Marketing!

CAPÍTULO 5 ♦ TENDÊNCIAS NO INSTAGRAM

Veja 10 maneiras de usar os guias do Instagram para o seu negócio:

1. Crie um guia de presentes
2. Compile uma lista de dicas
3. Reúna postagens sob um tema
4. Crie uma lista de classificação
5. Compartilhe uma história ou mensagem de marca
6. Forneça instruções passo a passo
7. Crie uma comunidade em suas guias com outros perfis
8. Colabore com um criador
9. Compartilhe uma guia de viagem
10. Promova causas e forneça recursos

DICA EXTRA: pense sempre no nome dos seus Guias, relacione com palavras-chave no seu negócios. Pois as tendências apontam que em breve otimizará nas buscas do Google!

Como você se sente tendo dado um passo rumo ao futuro? Apostar em tendências é fazer a sua empresa cravar uma bandeira no solo do que, para a concorrência, ainda é desconhecido!

Gostaria muito de ver como sua marca está inovando com as tendências que eu lhe trouxe. **Mande-me uma direct no @terradorafael contando como você está inovando.** Afinal, inovação só é inovação quando contada!

Você já sabe como funciona, não é mesmo? Aproveite o espaço a seguir e anote quais tendências mais inspiraram você. E venha comigo, pois ainda temos mais umas páginas para trocar ideias!

INSTAGRAM MARKETING

Escreva aqui em quais tendências você vai apostar para fortalecer sua marca como inovadora no mercado.

_____
_____
_____
_____
_____
_____
_____
_____
_____
_____
_____
_____
_____
_____
_____
_____
_____
_____
_____
_____
_____
_____
_____
_____
_____

COMPARTILHE EM SEUS STORIES

AUTORIDADE DIGITAL NÃO É SOBRE TÍTULOS. É SOBRE CONFIANÇA E VALOR REAL QUE VOCÊ AGREGA NA VIDA DAS PESSOAS!

@TERRADORAFAEL

EPÍLOGO

APROVEITE O SEU MOMENTO

Em primeiro lugar, quero dizer que foi um prazer imenso contar com a sua leitura! Mal posso esperar para ver sua marca produzindo conteúdo relevante com estratégia e vendendo muito no Instagram!

Que possamos continuar conversando pelo Instagram – é só me seguir no @terradorafael e me mandar um alô por lá, certo?

Você percebeu que o Instagram é uma das maiores redes sociais; como parte do Facebook Inc., é uma plataforma rica em dados das pessoas e com incrível potencial de inovar e se renovar constantemente. Ou seja, mesmo existindo desde 2010, ele ainda tem muito a oferecer e não está nem perto de se tornar uma rede social tediosa ou irrelevante.

EPÍLOGO ◆ APROVEITE O SEU MOMENTO

Por isso, quanto mais tarde você começar a fortalecer sua autoridade e a criar comunidade em torno da sua marca, mais competitivo será o cenário. **O momento é agora. Aproveite!**

Reforço que, nas redes sociais e no marketing digital em geral, não se deve pular etapas.

É preciso, sim, gerar valor aos usuários.

É preciso, sim, cultivar relacionamentos.

É preciso, sim, produzir conteúdo consistente.

É preciso, sim, publicar diariamente.

E aí, sim, é preciso usar seu discurso de vendas.

Isso não significa que sua marca vá atuar sem investir dinheiro em anúncios. Significa que seu negócio irá investir com estratégia e já tendo criado um senso de pertencimento e de valor junto à buyer persona. Dessa forma, poderá investir bem menos do que se você pulasse etapas.

Como fechamento, deixo aqui uma síntese bem precisa do que você leu no livro.

A fórmula do crescimento no Instagram

Objetivo claro a ser alcançado + conteúdo relevante para seus seguidores + postagens diárias no horário em que seu público está conectado + formação de comunidade (colabs com outros perfis do seu segmento) + atendimento personalizado e rápido + anúncios lookalike em cima dos seus posts com mais engajamento = **Parabéns, seu Instagram cresceu!**

Que você e seu negócio conquistem todos os objetivos e melhorem a vida das pessoas a cada conteúdo publicado, a cada produto ou serviço vendido. Tenho certeza de que você tem todas as ferramentas em mãos e as ideias em mente para conseguir isso!

Vejo você no Instagram!

Um abração,
Rafael Terra.

www.dvseditora.com.br